遜媽咪交換日記

一樣的育兒關卡，不一樣的思考

林蔚昀、諶淑婷 著　張上祐 繪

推薦序

孕育未來的母親

文／幸佳慧，兒童文學工作者

讀這本書時，心底顫動一波波的轉進掘深。這兩位媽咪拒絕以半哄半騙的推銷員姿態為自己育兒經驗掛保證，她們不佯裝為專家，而是真誠謙卑的從自己、孩子與其他個體的生命圈中不斷折回、連結與反省。二十一世紀，時代驟變的腳步不斷加劇，不同世代的思維與生活方式常在明處暗處相互攻訐扭打，以至於每個人在多重角色的扮演上更加交疊繁複，光是當自己孩子的照顧者，就必須跟各種時空的「母親們」進行答辯對話。

而這兩位媽咪對話的珍貴之處，正在於他們深闇自己的不足，卻又看見智識與人性的高度，因此在思想與經驗上不斷和自己與家人進行費神又費力的辯證。這樣的思辨，不便宜行事也不自欺欺人，是關照人性與社會整體後，既深刻且後座強勁的回音。

人類總是時時刻刻想望一個更美好的未來，但期許是虛妄或務實，關鍵豈不就在現下的社會與成人如何對待孩子的態度上？當我們經由孩子重新成長，集體跨出步子，美好的未來才能移近。母親不該落單孤獨，我們都該是每個世代的母親，是孕育未來的母親。

給予愛，也誠實的面對自己

文／孫明儀，嬰幼兒心理健康師

這是一本令我感動的書。蔚昀與淑婷兩個認真的媽咪，在交換日記中分享著如何在育兒生活中反思自我，誠實地呈現了自己當媽媽的核心價值，或是對教養潮流與文化的疑問與呼籲！

孩子與伴侶來到我們的生命中，正是給了我們神奇的機會，因為在給予他們愛的同時，我們必須誠實面對自己，甚至是那些困難的、隱晦的，或是忐忑的自我。但是，也因為育兒的機會，我們得以穿梭在過去、現在與未來的回憶與期許中……於是，我們感受著，詢問著，好奇著，也困惑著……

這些豐富的感受衝擊，在日復一日的給予中，奇妙地讓我們慢慢地整合了自己，讓我們在親子之愛中，更能圓融地愛著自己與家人。

祝福這兩位認真的媽咪，希望她們的分享能讓更多的媽咪真心愛著育兒這件事，甘之如飴地珍惜帶養孩子的辛勞！

育兒是一面鏡子

文／黃哲斌，新聞工作者

四十不惑，初為人父，至今已十一個年頭。

跟大多數父母一樣，這些年，混雜著勞累、困憊、猶豫、不耐；有時還摻著苦惱、心虛、怒意、妥協，彷彿掉進一場漫長的苦役；然而，我竟然樂此不疲，覺得甘多於苦。

讀了淑婷與蔚昀的新書，我才恍然體悟，原來，養育兒女的過程，像一面鏡子，讓我們看見最好的自己，溫柔，易感，堅強；同時看見最糟的自己，粗魯，暴怒，心不在焉。

而這一切，因為孩子。我終於面對自己，開始懂得收拾慌亂的情緒，開始試圖打理一個比較有秩序的世界，然後，陪著孩子把秩序打亂，再重新組合。在這種往復的動態過程裡，我學習與兩個兒子相處，學習與自身相處，學習與這個世界相處。

到頭來，我們都是遜媽咪，遜老爸。謝天謝地，我們都不是模範父母，而是每日每夜伴隨孩子一起長大的平凡人。

溫暖的等待和理解

文／陳培瑜，凱風卡瑪兒童書店店主

親愛的淑婷和蔚昀：

很開心有人可以用這麼溫暖的對話和小故事，記錄下跟外星人互動（搏命）的過程。早在妳們信件往來張貼在社群網站上時，我就篇篇必讀。因為我也是位媽媽，家裡有兩位小小外星人和一位大大外星人。

妳們和孩子之間的故事，讓身邊已經有孩子、與即將有孩子的成人明白，成人和孩子之間，需要的是彼此的等待和理解，而不該只是檢討和除錯。有了這樣的心態，我們的社會才不再只是懂得歌頌成功，人才能真正越來越靠近自己；而這片土地上一直都有的想像力，也才能成為下個世代最重要的資產，而不用再只靠科技園區和空泛的文創口號。

我還有一個更（不）實際的想法，那就是：我希望這本書可以暢銷三十年。但在那之後，我反而希望社會就不再需要這本書了——看過妳們書裡所寫的故事和想法之後，這個世代的爸媽將願意從自己開始，改變對待孩子的方法。而三十年後，這些孩子長大了，理當也會用自己小時候被溫暖對待的方式，再去陪伴他們自己的孩子。

我知道這個願望有點貪心，但我相信妳們也會認同的！

不常見面，卻很愛妳們的培瑜

孩子讓我們更敏銳的直觀這世界

文／番紅花，作家

自從兩個孩子都上高中以後，我和孩子聊天的內容就越來越「大人化」了。例如，昨天晚上我和家裡的高一新鮮人在餐桌上討論，如果能夠有機會和全球知名的天才駭客唐鳳做

VR連線，要提出哪些問題才是既有深度、又有意思的？孩子說他最想發問，VR的發展，有一天能不能取代各種殘忍的動物實驗？唐鳳對紙本書可有特殊情感，平時喜歡讀哪一類的書籍？當青少年面對無聲但逼人的網路霸凌時，唐鳳會提供什麼建議？

望著孩子正值青春的臉龐，吐出來的話已不再稚氣天真，我強烈感受到那育兒時光的倏忽而過。因此，我是抱著多麼羨慕的心情，捧讀這本《遜媽咪交換日記》。蔚昀和淑婷的小男孩還不到六歲，在我心中，那可是個人育兒史上的黃金歲月；那時的孩子讓我累也讓我笑，讓我哭也讓我醉，讓我氣也讓我歌，我心中漲滿了對孩子豐厚的愛。但另一方面，因為上班壓力導致的情緒爆炸，我也愧疚自己不是溫柔的好媽咪。我痛惡整個大環境對育兒媽咪的不友善，我為孩子反反覆覆的厭奶／厭食而焦慮不安……

新手媽媽的心情總是起起伏伏、有悶有憂。淑婷和蔚昀的交換日記，消化了挫折，撫平了憤怒，交流了經驗，分享了信念。遜媽咪一點都不遜，她們在真誠的文字和落實的行動裡，為孩子建構了一座奇幻、睿智、童趣、溫暖的小宇宙。

媽媽是平凡的肉身，媽媽是戰鬥的靈魂，媽媽不用做到最好，媽媽已經夠好，每個媽媽都有遜掉落漆的時刻，但那並不影響媽媽擁有玫瑰色的眼睛，因為孩子使我們更敏銳的直觀這世界！真心接納自己是遜媽咪吧，那將是我們和孩子走得更寬闊的開始。

第三部 澆灌女人的心靈花園

前言

當家裡來了一個小王子

淑婷：

不知道妳有沒有這樣的感覺？和孩子相處的時候，突然覺得他好像是來自外星的人種，像是ＥＴ、《來自星星的你》裡面的都教授、或是法國作家安東尼．聖修伯里筆下的《小王子》。

我啊，經常有這樣的感覺。最近一次是在吃晚餐時，當兒子問我：「媽媽，我們家有到月亮上面，對不對？」聽到這句話的時候，我瞪大眼睛，心想，真是不可思議啊，孩子的腦袋到底是怎麼運作的呢？為什麼平平都是人，他就那麼有想像力，而我卻壓根不會想到這些事？

當然啦，我們可以說我們比較有知識或常識，因為我們受了教育，知道月亮離我們很遠，知道我們的家沒辦法蓋那麼高，知道我們在大氣層外無法生存，除非坐到太空船裡，而要成為太空人，必須受很多訓練……

我們知道這一切。但是，在我們小的時候，當我們還沒有接觸到這一切知識、常識的時候，我們應該也曾經相信：人可以在月球上生活、人可以像鳥一樣飛行、傑克的魔豆真的會長到天上、一頂帽子並不是一頂帽子，而是一條吃了大象的蛇……就像《小王子》的敘事者和小王子所相信的一樣。

當我們還沒有「地球化」

我們小時候曾經相信這些事，只是當我們長大，就慢慢忘了這些事。《小王子》的敘事者也忘了，或者說，被迫遺忘，因為所有人都告訴他：「你畫的是一頂帽子啊，蛇和大象在哪？」直到他遇到了來自B612星球的小王子，他才想起了這些事，才發現：「喔，原來也有人抱著和我一樣的想法，我不是孤獨的，我並不奇怪。就算我真的奇怪好了，也有人跟我一樣奇怪，所以沒什麼大不了的。」

「每個人都是不同的，每個人都有不同的想法，每個人感受現實和面對現實的方式都不同，這些差異和不同應該被尊重。」這樣的話我們常常聽到，但是當我們面對小孩時，似乎很容易忘記這句話。

比如說，當小孩因為穿脫衣服的順序和昨天不同而抓狂，或是衣服的顏色不是他今天所喜歡的而坐在地上大哭，又或者是爸媽想走的路和他想走的不一樣所以生氣，再不然就是「現在就要」的欲望無法得到滿足，於是尖叫踢腿……我們反射性地會認為他「不乖」、「不聽話」、「在鬧情緒」或是「在唱反調」，卻很少會想到，我們認為不重要的小事，其實對他來說是重要無比的大事。

是啊，仔細想想，我們不也會因為各種「小事」而抓狂？比如吃不到想吃的東西、找不到鑰匙或眼鏡、電腦當機、網路變慢，期待了很久的全家出遊因為臨時有事取消，明明很努力在做的事卻被人挑剔或嫌棄「怎麼那麼慢，怎麼那麼笨手笨腳」，臉書或報紙上某某人說了某些話，乃至於天氣不好、身體不舒服……我們不也會因為疲倦或不明原因而「奇檬子」不爽？我們不也會明明很累了，卻捨不得睡？我們不也會挑食和不想整理房間？我們不也會耍脾氣？

其實，我們的許多特質都和小孩一樣。我們和他們一樣，都像是從別的星星來到地球上的外星人，必須學習地球的各種規矩。只是我們來得比他們早一點，「地球化」的程度比較深，知道怎麼壓抑自己的需求，知道怎麼用語言表達自己的欲望，知道生活有苦有樂，也知道今天沒辦法穿自己喜歡的衣服，並不代表以後就沒有機會穿了。

我們這些「老移民」本來應該對小孩這些初來乍到的「新移民」有多一點同理心、耐心和包容，然而我們「地球化」太久，早已忘了當個外星人是怎麼回事。而且地球的事務如此繁忙（每天要上班工作、洗衣燒飯、面對一些機車的人和機車的事），我們很多時候沒有時間去同理那些「新來的」，反倒會覺得他們不懂得「入境隨俗」（比如在公共場合控制音量、克制情緒，乖乖坐好不會一直跑來跑去……）是一種麻煩。

喚醒大人心中的小王子

我並不覺得，我們必須全力配合、遷就小孩，創造一個地球與外星之間的「中途站」或「新地球人區」，因為這樣可能會讓他們更難融入地球的生活。但我也不想很強悍地說：「你是新來的你就要適應啊！這是『我們』的家，你要守『我們』的規矩，配合『我們』的作息，我們不會為了你改變生活習慣。」那樣子太霸道了，而且不允許任何對話、

質疑、協調及改變的空間。也許，有人覺得他們的生活是完美的，不容任何協調及改變，但是，我不覺得我的生活是完美的，並且必須一成不變。

就像《小王子》的敘事者因為認識小王子，重新發現許多遺忘的美好，我也因為和兒子相處，發現了好多我遺忘的、與以前不知道的事（當然有好事也有壞事啦）。比如說，我可以為一件很小的事開心（我兒子會自己給麵包塗奶油了），也可以做一件很小的事讓兒子開心（我做飯給他吃，他就說：「媽媽，妳是全世界最好的媽媽～」），我不必像龍捲風霹靂啪啦地把事情做完，而是可以和兒子邊玩邊做，雖然慢一點，但是我們都可以享受過程。

在所有這些發現當中，我覺得最重要的，是兒子教會我去接受、去愛一個和我不一樣的人。我曾經是個超沒同理心、超不溫柔、超討厭小孩及人類的人。我對自己很嚴格，對其他人也很嚴格，我不知道什麼是脆弱。後來，因為人生中一連串慘痛的失敗經驗，我的戾氣及稜角慢慢被磨掉，但是我仍然不知道怎麼溫柔。

是兒子的出生、兒子這個來自外星的小王子的到來，提醒了我狐狸與玫瑰的存在，喚醒了我心中的小王子。我想陪我的小王子慢慢長大，讓他知道，變成地球人不代表拋棄所有外星人的氣質，而是結合兩者，在兩者之間取得平衡。

我希望，有一天當兒子遇到他的小王子，他們也可以像我們一樣，討論房子會不會碰到月亮的事。

蔚昀

前言

來自另一個星球的孩子

蔚昀：

讀著你的信，我點頭如搗蒜啊！從孩子出生那天起，我就認定他是來自外太空的訪客，所以需要花上好幾年，慢慢適應人類的軀體，練習四肢的運動，學習這個星球所使用的多種語言，這段過程，我們就是孩子最堅強的夥伴與後盾了。

兒子最喜歡的一個故事，就是「澄澄星球」（澄澄是他的小名）。從他兩歲前我們開始告訴他，他是如何在遙遠的星球眺望我們的家庭，然後決定加入我們，來到「我們的星球」。

「澄澄星球有什麼呢？」我問，「有車、有很多玩具。」他回答，看來都是他喜歡的東西，他立刻又接著說：「爸爸媽媽的星球有很多工作！」嗚嗚，我聽了都想哭，這個小外星人誤會了，如果可以，我也希望一直玩，而不是工作啊。

在說這個故事時，我們躺在床上，手指著上方，告訴他「澄澄星球」在天花板之上，很遠很遠的外太空。不料他抬頭看到的是燈泡，從此他就認定那顆燈泡是「澄澄星球」，他以前就是住在那顆小小的燈泡裡。每當我們開燈關燈，他都會說：「澄澄星球打開了」、「澄澄星球關起來了」，接著家裡其他燈泡，分別成了媽媽星球、爸爸星球、狗狗星球、貓咪星球。

我不知道哪一天他會發現，其實他並非來自「澄澄星球」，也未曾住在燈泡裡，我希望即使他不再相信，也別忘了這個故事。

總是帶來驚喜的孩子

和孩子相處的時間已經超過兩年，疲倦、厭煩的情緒不是沒有，但最強烈的情緒是「驚喜」。養一個孩子，看著他從躺著哇哇大哭，到能夠抬頭、翻身、坐起來，我記得當他六個月學習爬行時，沒什麼辦法能阻止他從各處朝我爬過來，有時邊哭邊爬，有時笑嘻嘻的爬，也可能正在玩耍著，突然抬頭看到我，就發出驚喜的尖叫聲，立刻前進，預備到我身上又磨又蹭。

兩歲半的澄澄是個活蹦亂跳的幼兒，他樂於開口說話，會對忙著整理玩具的爸爸說：

「謝謝爸爸整理。」拿著兩本書搖頭晃腦的分配說故事任務：「媽媽一本書，爸爸一本書。」我脫口而出的話，他會立刻順著重說一次，我必須克制自己，再生氣也不人身攻擊，不說孩子笨蠢醜，每天都對他說很多的愛。

每次我和兒子看著彼此眼睛認真聊天時，都會想到青少年時我們不理會爸媽，而等到成年後，我們說的話爸媽又聽不進去。我們與父母的對話，充斥著批評責怪質疑和嘲諷，用語言互相傷害。如果可以，我願意從頭和兒子一起學說話！

每天觀察兒子一舉一動，看著他與其他孩子一樣，不斷打破各種潛藏的社會生存規則。他能連續跑跳五六個小時，不斷的說話，維持興奮愉快的狀態，在各種場合都可能突然尖叫、大笑或是唱歌，讓人感受到他每一天過得多精彩滿意，然而那不是地球人樂意看到的生活方式。

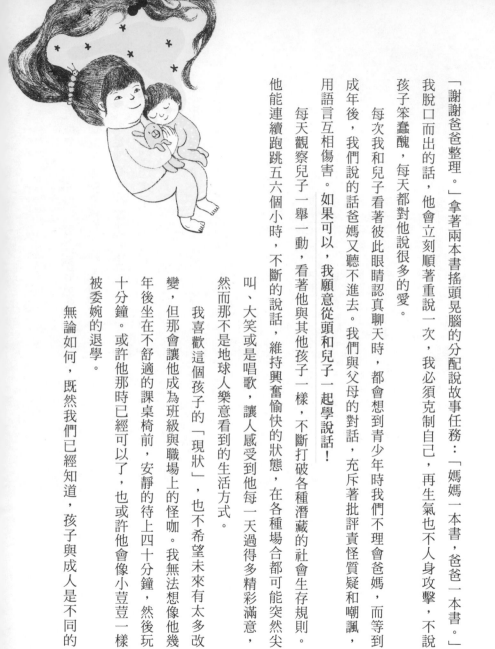

我喜歡這個孩子的「現狀」，也不希望未來有太多改變，但那會讓他成為班級與職場上的怪咖。我無法想像他幾年後坐在不舒適的課桌椅前，安靜的待上四十分鐘，然後玩十分鐘。或許他那時已經可以了，也或許他會像小荳荳一樣被委婉的退學。

無論如何，既然我們已經知道，孩子與成人是不同的生物，那麼設法當個真正了解孩子體能發展、思考邏輯的媽媽就很重要。我常常鼓勵自己，為了照顧好這個外星生物，一定要堅強。我堅強，他才能勇敢，走過成長道路上的各種關卡與質疑，未來還有來自學校或各種體制的考驗，要有勇氣和孩子一起接受或是挺身對抗，這是我對自己的要求。

向孩子學習愛

我也知道，不是每一個孩子，都能有這段培養精神快樂的成長時光，很多孩子被迫離開父母，甚至被父母或照顧者虐待，他們對人類與人生的想像，可能因此有了缺憾。如果可以，我真希望有更多的孩子是在沒有惡意、不被傷害的環境下成長，一直覺得幸福快樂，那應該會改變這個社會的未來。可惜我無力去照顧更多的孩子，我只能希望，我家的外星人長大後，能成為看到別人心頭傷口的人，能成為勇於付出愛的人。

因為他從出生那一刻起，就不斷用盡方法告訴我，他所做的一切都是因為太愛媽媽了。他看著我的眼神，彷彿我是他剛出發不久的生命裡、小小的宇宙裡，最珍愛的寶貝，他會非常專注的凝視我的臉、手指、腳掌與胸部，那眼神讓我感受到無限的愛意，除了生下白己的母親，沒有人會如此視我為珍寶了。

我每天都會趁著更換衣服時，摸摸他的手與腳掌，撫摸他的脊椎，親吻他的耳朵和頭髮，回應他，他也是我最珍貴的寶物，有這樣一個人在自己的身旁真好。他讓我知道，原來自己也可以這樣無邊無盡的去愛一個人，而且三十年前，我一定也曾那樣愛著我的母親，不是說我現在不愛了，而是我忘了這種赤裸表達愛的方式。

這麼說來，這個孩子確實是宇宙賜給我的人生導師吧？在未來長長的日子裡，我們一定會有數不清的爭執、誤解、失望發生，隨著他年紀增長，模樣與說話的語調不再討喜可愛，我的耐心會減少，會覺得厭煩，但無論他長得多大了，依舊是現在這個孩子，帶給我許多學習成長與幸福，他沒有變，我一定要記得。

前陣子，我跟朋友開玩笑：「要害人就是叫他去生個小孩。」那個人就會邁入「一整天沒做什麼事，就糊裡糊塗地結束了」的人生。而且，那可不是快樂的虛度時間，是無奈的、被偷走的虛耗人生。

回想當媽媽前的生活，真的很好，很快樂，絕對是天堂。可是啊，有孩子後，我們也只能看見與孩子一起生活的好了（雙手一攤）。外星訪客不好相處，難以溝通，我行我素，可是他們最懂愛。這點就足以讓我們一輩子都心甘情願敞開雙手，擁他們入懷了！

淑婷

第1部

孩子給我們的謎題

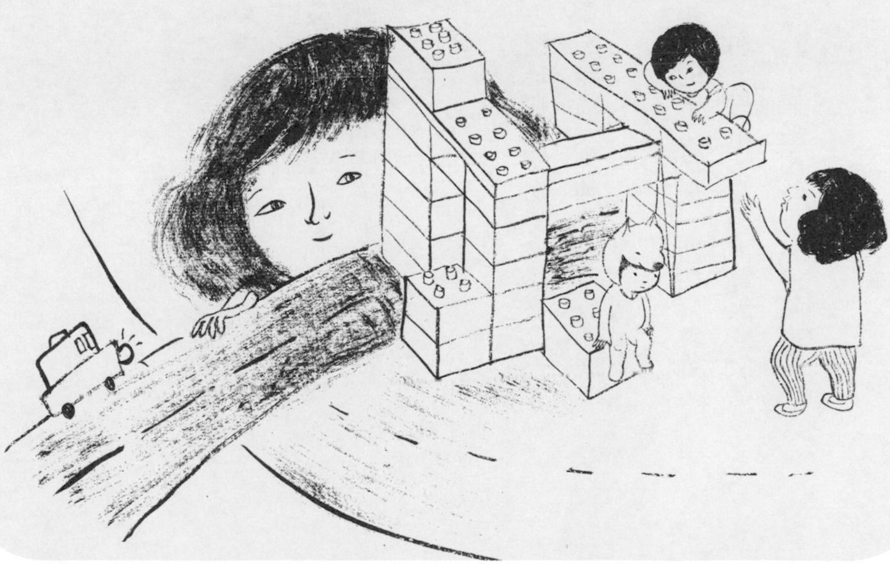

TAIPEI

小小孩的飲食

為家人煮食雖累猶榮

煮飯洗碗要花時間，但不追劇、少划手機，重新分配生活重心的比例，其實也能辦到。或許比起在餐廳打卡，為自己做的一桌飯菜拍張照，更加小確幸。

蔚昀：

當媽媽的這兩年多來，我家廚房起了很大的變化。過去還是職業婦女時，我喜歡一支平底鍋或大炒鍋用到底，這是沿襲自媽媽的習慣；直到現在，無論大火翻炒、煎魚煮肉、燙青菜，她都愛用同一支鍋子。

但是，現在的我很清楚好鍋子的必要性，也知道善用鍋子的下廚之樂。四口鑄鐵鍋，內有琺瑯的拿來燉煮，純鐵表面的拿來煎炸，蔬菜用水煮，加上烤箱、電鍋，每天煮飯都覺得越來越順手。有些鍋子我用棕刷大力刷，發洩生活倦意；有些用絲瓜布輕輕搓揉；

有些洗完後，還要在爐子上烤乾、塗油。看著這些吃苦又耐勞的鍋子在爐子上靜靜閃著光，我的心裡充滿了敬意與感謝。

養孩子後，我喜歡做些簡單的「一鍋料理」，炒飯、燉飯、炊飯、炒麵、湯麵。最偷懶時，只要煮鍋配料豐盛的味噌湯，丟進蘿蔔糕就是美味一餐。

那些被掛在廚房裡的鍋子，對某些家庭成員來說不值一顧，但對日日下廚的我們來說，是天天揮汗的練功夥伴，我喜歡在兩、三坪大的廚房裡，鑽研些無窮無盡的生活小事學問，然後變得上手，偶爾偷懶也只有自己才知道。

走過孩子進食挫敗期

別看我現在寫來輕鬆，其實一年前廚房可是我的傷心地，因為堅持親餵的兒子，副食品進食狀況很差，儘管我又煮粥又炒飯，有時煮義大利麵，有時煮中式乾麵，早中晚餐、點心天天有變化，但兒子就是不賞臉。

有一天我寫下的飲食紀錄是：「早餐不吃只喝奶，中午在餐椅上哭到崩潰，看到湯匙像看到蛇，只會匆匆

宣告戰敗，立刻餵奶，幸好下午的蘋果優格吃了大半碗，晚餐費心煮了南瓜杏鮑菇雞丁炒飯，上頭還灑了香噴噴的炒蛋，小兒終於吃了一些。」

還記得剛生產時，朋友送了一本超熱門的部落客副食品食譜，我還嘲笑這位部落客實在廚藝不佳。現在我才知道自己多愚昧，副食品不需要廚藝，只要小孩願意吃，什麼都是米其林美食！

當時上網發現「Baby-led weaning」——簡單來說，就是由嬰兒主導的斷奶方式，讓孩子自行進食。大人只要幫孩子準備可用手抓取的多種食物，例如削成片狀入水燙處理的食物，例如紅蘿蔔條、地瓜條、切塊的玉米、撥開的白煮蛋蛋白等，當成人用餐時，寶寶也一起品嚐食物，他看起來會像是在玩食物，捏一捏、抓一抓，吃了也可能吐出來、丟到地上，弄得滿桌混亂，但這正是孩子自行探索食物原味、觸感的好機會，跟那些黏糊糊、軟爛的食物泥完全不同。

自從決定將吃飯的主權交回寶寶手上，我開始在粥與軟飯之外，多準備手指食物，這也開啟了他亂丟餐具、餐盤、食物的痛苦歷程，有時直接將飯碗倒蓋在頭上，每餐結束後，我都沮喪的擦地板、洗小孩、換衣服。但我實在沒辦法開口罵他，因為食物真的很好玩，我在料理食物時也覺得又捏又揉好有趣！

幸好經過半年的磨合，他的進食狀況有了改善，我說服自己，只要他吃十口，就算進食完畢，只想著他吃進肚子的，不看留在碗裡的。如此又過了一年，兩歲的他幾乎可以吃完一整份完整餐點了！

為孩子做出飲食抉擇

這一年半來，唯一的堅持就是澄澄吃的飯菜和我們一樣。我家口味本來就清淡，讓孩子嘗點酸甜苦辣也不錯，他還吃過一點朋友做的豆腐乳呢。我們也不把他的飯菜攪成大鍋飯，他很快就知道紅蘿蔔跟青菜的顏色不同，蛋黃和蛋白的味道與顏色差異，這樣不是比較像「吃飯」嗎？

我想到自己在各媽媽社團找資料時，讀到的各種光怪陸離的意見：「有些落後國家的小孩還吃泥巴勒，照樣活的好好的，我都跟孩子說我們吃什麼、你們就吃什麼不許挑食」、「我兒子五歲了，什麼都吃，連吃辣都被我訓練出來了，小孩子不要太過保護，以後就不會挑食了！」、「其實小孩想吃什麼就吃什麼，太過保護不好，我女兒一歲，牙長了快廿顆，連炸的也吃。」這些網路言論太讓我驚訝了，你們不要折磨孩子！

另一個讓我生氣的說法是，要選擇友善土地的無毒耕作食材或是有機食材，太貴了，吃不起，也沒時間煮飯！作為每天煮飯的人，我曾算過一家三口買三個普通便當的錢，並不比三菜一湯使用有機菜或無毒食材來得便宜。

例如某一天的晚餐我煮了炒蘿蔔糕，主婦聯盟蘿蔔糕八十五元、產銷履歷紅蘿蔔一條十元、有機杏鮑菇兩條四十元、朋友媽媽做的醃三層肉七十五元，一匙醬油調味，加起來不過兩百一十元，從切片、煎、炒，總共花了四十分鐘。隔天晚餐買了雞腿便當八十元、炒飯七十元、麵線三十五元，也要一百八十五元，等待與來回時間花了二十分鐘。

我不是鼓勵人人都親自下廚，但飲食外包必須被檢討且經過選擇。**能不能為了孩子調整生活方式、注重飲食，是爸媽無法逃避的問題。**

我常想到以前媽媽傍晚下班回家，立刻進廚房煮全家人的晚飯，我們幾個孩子幫忙洗米、揀菜、輪流洗碗，全家忙碌到八點多，隔天全家的便當也一併準備好了。那樣的生活真的很難再現嗎？

我試著觀察目前居住的這個社區，每天傍晚四、五點，許多接孩子回家的爸媽會順路去買便當回家，六、七點各式的義大利麵、涮涮鍋、韓式料理、日式定食餐廳幾乎全客滿，

排隊人潮一直延續到八點。這些時間與金錢，因為少了在廚房的人力，就稱得上划算嗎？別說吃得比較省，根本連吃了什麼也不知道。

朋友提醒我，社會結構的問題、職場工作時間很難調整，只能看自己在乎食物的程度到哪裡，就會執行到哪種程度，沒有對錯或高級低等的差異。

我很害怕時間、金錢成為考量一切的理由，就像爸媽省掉看功課的時間，但是把錢繳給安親班的延長時間。友善食材價格是稍高，但沒貴到有錢人才吃得起。煮飯洗碗要花時間，但不追劇、少划手機，重新分配生活重心的比例，其實也能辦到。或許比起在餐廳打卡，為自己做的一桌飯菜拍張照，更加小確幸。

現在我很喜歡跟兒子一起做飯，當我切洗蔬果時，他會踩著椅凳在旁邊看，他會不斷向我討些切洗好的蔬果吃，南瓜、青椒、葉菜、蘿蔔都試過，我的廚房小天地，就是孩子認識食物本色本味的樂園。

為這個家庭煮食，雖累猶榮。

淑婷

KRAKÓW

小小孩的飲食

一點點的快樂，是我煮食的動力

我曾經對外食有罪惡感，覺得自己做飯不是比較節省嗎？但是我還是需要一個退路，一個讓我覺得「就算我不煮，我們全家也不會餓死」的靠山，這樣我煮起來會比較輕鬆，不再那麼悲憤。

親愛的淑婷：

讀著妳的信，看妳細數廚房裡的眉角、選什麼食材、用什麼鍋子、做出什麼樣的菜色，讓自己及全家人因為吃著妳煮的飯而開心，我心裡是羨慕又嫉妒的。印象中，我已經好久都沒有因為做飯而感到快樂了。就算有，也是偶然發生的靈光（就像波蘭秋冬的陽光），而非一種持續的狀態。

好久好久以來，一想到要走進廚房做飯，我就感到巨大的疲累，還有無止盡的焦慮。

享受下廚真不容易

我喜歡煮飯，但是沒有喜歡到可以忍受日復一日、單調無聊的重複，然後還對煮飯保持不滅的熱情。尤其在波蘭，我煮個「簡單的」三菜一湯都會遇到好多阻礙，必須不停給自己加油打氣（在心裡喊：「媽媽樂，加油！媽媽樂，加油！」），才能咬緊牙關煮下去。

第一個阻礙，是這裡的亞洲食材很難買。市中心的亞洲食材店只有一家，而且東西不便宜（雖然有越南超市，價格比前者便宜許多，但距離也比較遠）。麵類的選擇很少（大多是日本細麵、蕎麥麵或越南河粉），米只有日本米和泰國香米。一塊嫩豆腐要價十二塊波蘭幣（一百二十塊台幣），板豆腐六塊波蘭幣（六十塊台幣），每次我都要掙扎很久才買得下手，而且也不常買。

另外，波蘭菜市場新鮮蔬菜的選擇很少。夏天比較好，有南瓜、蘑菇、蠶豆、四季豆，還有各種新鮮水果如覆盆子、懸鉤子、藍莓……但是在漫長的冬天，基本上就只有冷凍菠菜、大白菜、包心菜，青花菜、節瓜、韭蔥、紅白胡蘿蔔、芹菜、馬鈴薯等根莖蔬菜可供選擇。蔬菜都這樣了，水果就更不用說（但是蘋果可是多到滿坑滿谷啊，我的一個波蘭朋友跟我說：「蘋果是波蘭人最好的朋友。」）。

因為身處內陸，我在台灣最喜歡吃的鮮魚也很少（這邊的魚吃來吃去都那幾種：鮭魚、鱈魚、鯖魚、鯡魚、土味很重的鰻魚和鯉魚……還有許多醃魚、燻魚、魚罐頭）。下廚的時候，我只能靠幾種蔬菜、一些肉類（多半是雞肉牛肉，因為這裡的豬肉味道很重），變出番茄炒蛋、炒節瓜、開陽白菜、醬油雞、麻婆豆腐、雞湯……煮完一輪，再重頭把同樣的菜再煮一遍。如果沒有我媽媽好心為我寄來台灣的食材（香菇、蝦米、干貝）和調味料（蒸肉粉、乾辣椒）讓我可以變化調味，我應該會煮到哭出來。

第二個阻礙，是我煮的食物我老公兒子不一定會吃。這倒不是因為我煮的不好吃，或是他們不習慣台灣菜。我老公很愛台灣菜，只是他常常在外面跑來跑去、處理事情，回家的時間不一定，有時候我煮好了，等他回來他卻說他吃過了，或太累了要先睡，現在不吃。我兒子則是在學校吃過午餐或點心，回家以後有時候覺得飽，有時候覺得餓，所以也不一定會想吃我煮的東西。

對了，我忘了跟你說，波蘭人吃午飯的時間通常在下午兩點到四點（不過兒子的學校是十二點吃午飯），這是一天中最豐盛的一餐，晚餐他們都吃三明治。但我還是比較習慣

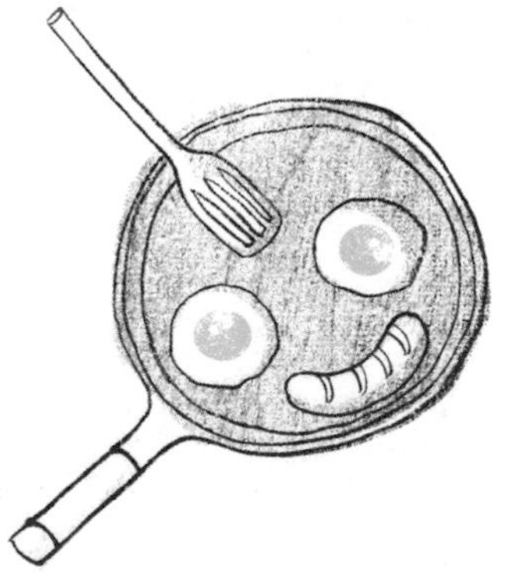

中午一人在家隨便吃（我那時候還要在電腦前工作啊），六七點煮豐盛的晚餐給全家人吃。大部分時候，我們按照台灣的時間吃三餐，兒子和丈夫也都能配合。但我煮飯的時間，偶爾還是和先生及兒子的用餐時間錯開，比如我煮好的時間他們不想吃，或他們想吃的時候我還沒煮好。

說這麼多，不是為了自己不願煮飯找理由，而是想說：**要滿心歡喜、一路順風地去下廚，對我來說真的不是一件易事啊。**我相信很多女人會和我有一樣的感慨，不管她們人在哪裡、還有家裡的用餐狀況如何。

有時自炊，有時偷懶

不過，雖然煮飯對現在的我而言是一件艱困的事，並不表示我沒有過煮得很快樂、或和家人一起吃飯吃得很快樂的時光。我記得我們家還有烤箱的時候（現在烤箱壞了，一直沒時間請人修理，保證書也不見了），我常會和兒子一起烤麵包、烤蛋糕、烤比薩……看著麵團在烤箱裡膨脹、變大，或是乳酪火腿和鳳梨在烤箱裡慢慢融化，真的是會讓人打從心底高興的。

昨天和今天，我也經歷了一些快樂的瞬間。昨天是星期天，先生帶兒子出去散步，我

在家裡做了豆腐肉末、番茄炒蛋、炒節瓜，自己一個人吃了晚飯。當兒子從外面回到家，狼吞虎嚥地吃完了豆腐肉末拌飯（他好像真的很餓），我看著他，真心地感覺到我做的事還是有價值的。同樣的感覺，也在今天我們拿豆腐肉末配麵吃的時候再次出現。

這些快樂的感覺即使只有一下下，也足夠讓我有動力繼續走進廚房煮下去（也許不是每天），並且讓我不會完全和現實生活脫節（畢竟現實生活就是柴米油鹽醬醋茶啊）。有時候我煮累了，或我們想換個口味吃波蘭菜，我們就去附近的食堂、餐廳吃飯，或是去熟食店買現成的餃子、豬排回來加熱。

以前我會對此有罪惡感，覺得幹嘛浪費錢（在波蘭外食比台灣貴，台灣真的是外食天堂，種類繁多又便宜），自己做飯不是比較節省嗎？但是後來我覺得，我還是需要一個退路，一個讓我覺得「就算我不煮，我們全家也不會餓死」的靠山，這樣我煮起來會比較輕鬆，不再那麼悲憤。因為妳知道的，**當妳做某件事是出於必須，而不是因為妳想要這樣，那壓力就很大啊。**

我不知道我什麼時候會再經常地在做菜時感到心情愉快，但在那之前，我也只能盡力享受這小小的、有如文火般的快樂安慰。

蔚昀

為孩子做生日蛋糕

為兒子親手做生日蛋糕，對我來說是一件浪漫的事。我雖然愛下廚，但鍾情於各種鹹香味料理，對甜點毫無興趣，直到兒子一歲生日前，開始留意網路上各種有卡通圖案、多彩奶油的蛋糕，突然意識到，平時精心挑選副食品食材的我，怎麼可能不在乎**蛋糕裡用了哪種麵粉、奶油、雞蛋，糖的比例如何？放了巧克力不要緊嗎？**

我立刻宣布進入「生日蛋糕緊急集訓營」，找遍食譜、天天問擅長烤蛋糕的朋友，家裡幾乎每兩天就有一個蛋糕出爐。因為我堅持給孩子的蛋糕不放泡打粉、玉米粉，常常烤出又扁又塌的「發糕」，而我的脫模技術又不好，戚風蛋糕看起來真的像是經歷了淒風苦雨……

但即使軟綿綿的戚風蛋糕變成磅蛋糕口感，兒子還是捧場。生日當天，他開開心心吹蠟燭、吃蛋糕，忙碌了一個月的烤模和打蛋器、篩網、刮刀，在任務完成後又被收入櫥櫃，等待來年再戰。在兒子央求買塗滿奶油、布丁夾層口味的市售蛋糕前，我們家的「生日蛋糕緊急集訓營」會年年準時舉辦。（淑婷）

TAIPEI

玩具與小小孩的玩耍

與玩具一起長大

隨著孩子的生命越來越開闊，他的注意力會轉移，想像力會降低，他遲早要打包捨棄玩具，然後，打包離開我們……但現在，他還是個每天起床後就玩到睡著的孩子，我們只希望他那充滿想像的快樂能夠不斷延長。

親愛的蔚昀：

我一定得說，兩歲大的孩子太神奇了！我們每一天都在感受生命的奇蹟，他不只能跑，還跑得很快；他突然能騎車了，而且左彎右轉急煞車都沒問題；他能自己刷牙，能幫忙提著麵包回家；前幾天，我還聽到他跟玩具在對話。

我兒子特別喜愛車子，他在至今短短的人生裡，得到了各種玩具車，大車、小車、火車、卡車、塑膠車、合金車、木製車。他一歲半後，將每台車都取了名字，花了一段時間，我才理出頭緒，了解他的命名邏輯：還在牙牙學語時得到的塑膠玩沙車是「逋逋」，那對他來說是意義重大的一個詞，比較大的變形車是「掐」（台語的車），長條狀的小火車則是「車車」。

隨著語言能力成長，車隊的名字也漸趨複雜化，他喊出救援小隊的成員，羅伊、赫利、波力、安寶，接著是湯瑪士小火車的好朋友，培西、亨利、詹姆士、史賓賽、希羅，當他神色自若的說出「克拉貝爾」時，我幾乎都要「驚呆了」。

當玩具有了名字，一切都不一樣了。每天睡前，澄澄會認真的選個玩具，排在床邊的櫃子，一起聽故事直至睡著。隔天早上一睜開眼，手一抓，帶著玩具來房間找我們，還有洗澡、吃飯、看喜歡的影片，他總是有「夥伴」陪著。

「你們怎麼會在這裡呢？」「他需要休息了吧。」兒子開始跟車子對話，有時玩得興起，一把扔了車子，撿回來後，也小聲說了：「對不起。」

遊戲之間天地大

我曾經擔心，那些設計精緻的塑料玩具，在健康安全問題之外，是否也會限制了他的想像力？他會不會失去對玩耍的想像，會不會覺得木頭、石頭、羊毛等自然物一點也不有趣？

但漸漸的，我發現這些思考都是多餘，對能夠享受遊戲樂趣的孩子來說，一個變形機器人是玩具，一個掉在沙地上的紙杯也是玩具，重要的是他能運用手邊工具，在任何環境都能盡興的玩；如果沒有沙地碎石，就變不出讓合金小汽車行走的軌道，如果沒有爛泥巴，變形機器人也沒機會拯救快被滅頂的卡車。

有天，我發現矮桌上的圓形軌道組，變得好熱鬧，兒子先將大象、駱駝、長頸鹿等動物玩具一一排出來，又在外圍放了幾隻大恐龍，然後火影忍者的鳴人、佐助、小李模型也都列在其中，這些玩具是他親自挑出來，決定擺放的位置，我判斷著他的思考邏輯，突然覺得真不能小看孩子。

但看著滿屋子的玩具時，我還是會感到不安。身為母親，我喜歡他看到玩具時發亮的眼神，玩樂時滿足的笑容，讓我感受到兒子生活的滿足、平和與快樂，也因此擔憂，是不是讓他陷於過於富裕的安樂裡，變得越來越貪心，覺得更多的索求也是理所當然。

這點成了我和老公時常討論，甚至引發爭執的問題。他喜歡在家裡藏幾個小玩具，以備不時之需，有時是轉移兒子鬧彆扭的情緒，有時是給個小獎勵，有時……就只是單純想送禮物。我仔細算算，家裡目前至少藏了六、七個未開封的玩具呢！

為了跟我闡述玩具之必要，老公開始說起他曾熱愛過的一種機械獸玩具，那是由駕駛員開著各種動物造型的機械動物，會搖搖晃晃向前走，約半人高，價格不菲，不過那套玩具分了好幾個等級，另有比較遜色、裝電池的，以及更小型、使用發條當動力玩具。

老公有一隻發條動力的機械狼，比不過同學的劍齒虎和暴龍，而他也始終沒得到最渴望的機械獅。

但他也記得，爸爸曾經隨意掰個理由，買下了他期望已久的玩具，那是曾經千萬拜託都被拒絕的。「我想，爸爸只是想找個理由買給我吧。」現在他早就忘了當初喜愛玩具的理由，但不善言語的爸爸的一份心意，他始終記得。

所以買兒子的玩具，他不太克制自己（其實根本是隨心所欲了），其實我能明白他的心情。對父母而言，如果小孩可以快樂，很多事情都沒那麼重要，或許還有很多經濟、教育、價值觀等嚴肅的事可以談，但等等，孩子正因為你口袋掏出來的一個小東西滿足開心呢。

玩具帶來的練習題

現在我們最大的挑戰，大概就是借玩具吧！在參加親子共學團過程裡，澄澄總愛揀幾個玩具帶去，遇到有人來借時，考驗就開始了。當他還小時，非常溫和，也可以說是反應遲鈍，即使手中玩具被搶走也不以為意。

但很快的，他開始介意，堅持拒絕。我讓他決定，他的玩具可以借給誰，可以借、也可以不借，同樣的，別人也有拒絕他的權力，他也會因為借到玩具感到開心，因為被拒絕而生氣大哭。

當然，被拒絕和拒絕他人的狀況，總是比「交易成功」多。沒關係，那麼我們再接著練習，借不到怎麼辦？不想借怎麼辦？看著他品嚐玩具帶來的羨慕、嫉妒、焦急、難受，我感謝玩具帶來這麼豐富的課程。

每天我都想著，不知道哪一天，他會突然意識到，那些車子只是一堆塑膠或金屬的組成；看來厲害的變形機械人，在真實生活裡毫無用武之地，這世界沒有超人、蜘蛛人，閃電麥坤其實需要駕駛員，沒有人真的見過龍貓。

《玩具總動員》的情節遲早會上演的，隨著他的生命越來越開闊，他的注意力會轉移，想像力會降低，他遲早要打包捨棄這些玩具，然後，打包離開我們。

那一天一定會來。但現在，他還是個每天起床後就玩到睡著的孩子，做任何事都有玩具陪伴著，我們只希望他那充滿想像的快樂能夠不斷延長。

在未來許多艱難的時刻，別忘記現在的快樂。

淑婷

KRAKÓW

玩具與小小孩的玩耍

媽媽，陪我玩！

不知道為什麼，我好像就是沒辦法全心全意投入、和孩子一起玩，並且享受其中的樂趣。也許就是因為我「不會」玩，所以才要搬出一堆理論，這樣才能說服自己去陪他玩？

淑婷：

收到妳信的時候，我正在各種死線的圍城，也就是截稿地獄中掙扎。彷彿這還不夠，兒子也正好在這時候病了（其實就是昨天有點微熱，流鼻水，但是因為他這禮拜過生日，不想讓他病情加重到必須取消生日會，今天就讓他留在家裡休息），這讓我的死線突圍變得難上加難，幾乎是不可能的任務。

吃完早飯後，我本來打算一如往常，打發他去看 YouTube 影片（每次我要趕稿，然後他又剛好沒上學，而家裡卻沒有別人可以幫我帶小孩，我就給他看YouTube），但是兒子一直在我身邊打轉，一邊叫：「做火箭！做火箭！跟我一起做火箭！」所以，我就暫時放下稿子和信件，陪他去做火箭。

我有必要解釋一下這件事的由來。以前，在趕稿水深火熱的時候，我是不會放下手邊的工作去陪兒子玩的。我通常會咬著牙說：「媽媽現在很忙，你自己玩。」或者對他生氣：「你就不可以安靜一下嗎，我很忙你有沒有看到？」可是，因為趕稿的狀態已經持續了好幾個月，我這幾天於是開始反省：「這樣子真的好嗎？孩子會不會覺得媽媽被工作搶走，都不想陪他玩？和工作比起來，陪孩子玩真的那麼不重要嗎？」

陪孩子玩是義務，還是享受？

陪孩子玩是好重要的一件事啊！對孩子來說，遊戲不只是遊戲，也是他探索、認識、創造現實的方式。好多次，我看到兒子一邊玩，一邊對玩具說話，一邊編故事，把他的想像透過遊戲化為現實，比如拿一個壞掉的對講機當火車，在地上跑來跑去，發出「嗚嗚嗚」和「起恰起恰」的聲音，口中還念著：「Inter City……Inter City……」（Inter City是波蘭連結大城市的快車，兒子超愛它），心裡總忍不住讚嘆他的創造力。

就像小動物在和同伴打打鬧鬧中學習各種生存的技能，人類的孩子也在玩車子、扮家

家酒、猜拳、躲貓貓中，練習想像力、創造力和肢體的協調能力，並從中得到無比的樂趣。不讓孩子玩，等於剝奪他學習的機會。不和孩子玩，更是錯過了他成長過程中很重要的一部分。

雖然我知道遊戲的重要性，也知道陪孩子一起玩對他而言很重要，但是不知道為什麼，我好像就是沒辦法全心全意投入、和孩子一起玩，並且享受其中的樂趣。也許就是因為我「不會」玩，所以才要搬出一堆理論，這樣才能說服自己去陪他玩？

我非常不喜歡玩小車車，也不喜歡玩家家酒，跑來跑去的遊戲讓我疲累，只有躲貓貓、猜拳、「釘子釘鉤～小咪小狗」（你玩過嗎？是用手抓住手指的遊戲），這幾類遊戲我可以接受，但也很快就會覺得無聊。到頭來，我最喜歡的還是念床邊故事或編床邊故事給兒子聽——這也是我做得最好的事情之一。

我曾經想過，我「不會玩」是不是因為我是獨生女，小時候沒有很多和同齡孩子一起玩的經驗（周末會去堂弟家玩，但畢竟只有一個禮拜一次啊）。我爸媽都要上班，每天很晚回家。花最多時間陪我的外公外婆又太老了，沒力氣陪我玩遊戲。記憶中，我最好的朋友是書。面對它，我覺得很安心，不會不知所措。

我很羨慕那些可以放開心胸，和小孩一起玩玩具、跑來跑去、大吼大叫，並且樂在其中的人，但是我知道我無法變成那樣的人。以前，我會懷疑自己這樣算不算是有缺陷，也試著努力去改變，到了最後，我發現我還是無法勉強自己去配合、去假裝樂在其中。

我只能接受自己的侷限，並且試著在其中找到和兒子一起快樂玩耍的可能。這就是我為什麼想出了做火箭。

我跟兒子的火箭計畫

我是在前天的晚餐餐桌上和他一起討論做火箭的事。那時候，兒子正在問可不可以再給他買玩具。「可是我們上禮拜已經給你買過火車了啊，你說你生日禮物想要火車，我們就給你買了火車。」我說。「可是我可以有兩個玩具，因為我有兩個國家，波蘭和台灣……」兒子說。「我知道你想要多一點玩具，但是我們並不是很有錢，可以讓你經常買玩具。而且你已經有很多玩具了，很多小朋友都沒有那麼多玩具呢。而且，聖誕節到的時候，聖誕老公也會給你玩具啊。」「可是我想要兩個生日禮物……」

「我跟你說，我們不一定要買玩具，我們可以自己做玩具。媽媽跟你一起做玩具好不好？比如，我們可以做一個火箭，這是外面買不到，別人也沒有的喔。」不想這麼輕易地答應他買玩具（像你一樣，我也會擔心孩子會不會被物欲沖昏頭），我靈機一動對他這麼說。

「好！好！我要做火箭！我要和媽媽一起做火箭！」兒子眼睛發亮地大叫。既然答應了他，所以當他跑來要我跟他一起做火箭，我怎麼能拒絕呢？

在尋找做火箭的素材的時候，我們碰到一個難題。我本來打算用三個不用的紙箱子疊起來做成火箭的，但是後來發現我們家沒有這麼多紙箱。

「我用紙板和桌子給你做火箭好不好？這樣你可以開門進去，像是一個祕密基地。」

「不要！不要！我要很高的火箭！」

「那沒辦法，那就不要做了。」

「我要做火箭！」

「沒有箱子我沒辦法做。」

僵持了一陣子，兒子後來改口說，他要做面具。剛好，昨天我老公用台灣郵局的紙箱給他做了一個面具（就是挖出眼睛和鼻子的洞，把箱子套到頭上去）。我說好啊，那我們再來做兩個面具，一個給我，一個給爸爸。

雖然火箭沒做成，但是我和兒子一起做了兩個紙箱面具，戴上去後，兒子哇啦哇啦地跑來跑去，很開心。而我看著那三個齜牙咧嘴、又有點可愛的紙箱，也好有成就感呢。

做完了面具，兒子自己跑去玩，我也回去繼續趕稿了。

蔚昀

借玩具和收玩具的練習

隨著孩子年齡增長，對於自己的玩具，孩子漸漸有物權概念。當其他孩子伸手拿玩具時，有時候他會不想借，有時候又無所謂，我們絕對不會對孩子說：「不想借，你好小氣，要分享啊！」

與其煩惱如何讓孩子樂於分享，我更希望加強孩子的溝通技巧。和孩子的溝通是需要反覆練習與學習的。例如：

- 孩子拿走別人的玩具不還，拿其他玩具交換可以嗎？
- 孩子不想被借走玩具，五分鐘後再借好嗎？
- 最喜歡的玩具捨不得借人，改帶「可以借人的玩具」出門好嗎？

而孩子也因為借或被借玩具，了解被阻止、或阻止他人的感受，了解被限制或限制他人的可能。他們會開心、生氣、傷心，然後再想想辦法。經歷了各種情緒感受洗禮後，孩子會更容易學習「同理」。

在兒子一歲後，我們開始因為要不要收玩具起爭執。某一次，他先是把玩具灑了一地不肯收，又在尿布裡大便了，還是堅持繼續玩。起初我不理會他，過了一會，他決定要收玩具（帶著大便），結果收著收著，竟又拿出新玩具，如此反覆兩次，散落家中的玩具越來越多，而他依舊滿褲子大便，滿腔怒火的我瞬間爆發了。

我是不是應該強硬的沒收玩具？是不是應該把他抓到廁所去洗屁股？或者這些小事根本沒什麼，我自己收一收、直接把他拎到廁所快多了？其實我很清楚，大多時候，這些小事都沒什麼，而且我們常常是一起收拾，一邊和玩具說再見，謝謝他們一天的陪伴，但那天我好累，心情低落，所以什麼也無法忍受。

這次的吵架，歷經了一個半小時才結束，我先解決了他的尿布問題，平穩情緒，在他一一確認下，將所有被亂丟、他說「不要」的玩具放入紙箱，一起收進儲藏室；他說「要」的玩具，自己收好。

「我們要不要和好？」我問，「好。」我們擁抱了一分鐘，「媽媽也有錯，今天太累了，心情不好，請你也原諒我，對不起。」「好。」兒子突然眼睛發亮，一連親了我四下！

自己開口承認情緒與錯誤很難，但我的怒氣瞬間消失了。我知道，一直以來最害怕的事，兒子教我做到了。（淑婷）

KRAKÓW

擁抱孩子的情緒

不要羞羞臉，把情緒說出來

當孩子有情緒時，他要的只是有一個人在旁邊陪伴他，讓他有安全感，並且知道：有人和自己在一起，有人和自己的情緒在一起。「我不害怕你，所以你也不必害怕自己。你不必為了擔心被我討厭、遺棄，而壓抑你的情緒。」

淑婷：

前幾天我匆忙準備出門，對兒子沒耐心地大呼小叫。後來我要給他穿手套時，兒子對我大叫：「我討厭妳！」

老實說聽到他生猛地喊出這句話，我有點嚇到。隨即想起，兒子之所以會這樣說，是因為有一次他做了讓我生氣的事，我那時剛好很累、很煩躁，所以對他說：「你很討厭ㄟ！」

兒子那時可能也嚇到了，因為這是我第一次對他說情緒性的話（以前我都會說：「我不喜歡你這樣做，我不喜歡你做的這件事……」）。不過還好，兒子有自我保護機制，他沒有哭叫或打人，只是說：「妳騙我。」

兒子的話點醒了我，於是我對他說：「對，我不是一直討厭你。有時候我會討厭你，有時候我會喜歡你，這是正常的。但是，我永遠都會愛你。」

練習表達情緒的語言

後來回想、反省這件事，我後悔對他用了不適當的字眼和溝通方式，也不知道後來的解釋到底是好的，還是越描越黑。但是另一方面，當聽到他對我說出：「我討厭妳！」的時候，我竟然有點高興，因為兒子有了表達情緒的語言，不管這情緒和語言是否恰當（然而什麼又是「恰當」呢？真的有「恰當」的情緒和語言嗎？）

我們都知道要對事不對人，但是我們都無法完全避免說出「我恨你」、「我討厭你」這樣的話（小時候，我們對父母或好朋友說出多少次「我討厭你」？）。我要去

禁止孩子發洩情緒嗎？在我和孩子學會「和平、理性」的溝通之前，我要禁止我們一切「情緒性」的語言表達嗎？

想了這個問題一陣子後，我目前的結論是：不，我不要禁止他或我自己。有表達情緒的語言，並且能使用這個語言，總比沒有語言、無法使用語言來得強。也許情緒性的語言會造成傷害，但是不把情緒及時說出來，我們可能會對彼此造成更大的傷害。

我記得兒子還很小的時候，曾經會用頭撞地板來表達憤怒、傷心、疲倦和不滿。一開始我們非常驚慌，懷疑自己是否是差勁的父母，也懷疑他是否有自閉或過動，甚至帶去給心理醫生檢查。

醫生人很好，她安撫緊張的我們：「你們的兒子很正常，他只是還沒學會如何表達情緒，等他會說話就好了。」另外也提醒我們，不要忽視這個現象，不要對小孩激烈的溝通方式不理不睬（雖然激烈，但還是一種溝通方式），每次看到他撞頭，不要罵他或對他百依百順，而是要溫柔冷靜地跟他說「不可以這樣」。

醫生的話給了我們很大的安定力量。經歷過很長一段嘗試、失敗和努力的過程，我們慢慢學會不被兒子和我們自己的情緒嚇到，而是和他一起面對情緒，尋找表達的語言。後來，兒子真的就不再撞頭了。

有過這樣的經驗，我深深覺得：媽媽能不能接受、擁抱小孩的情緒，而不是否定小孩的情緒，對小孩的人格發展很重要。同時，媽媽能不能接受、擁抱自己的情緒，而不是否定自己的情緒，也和前者一樣重要。

不知道我有沒有跟你說過，我有憂鬱症，還有情感型人格違常。人格違常這個名詞看起來很恐怖，但其實就是：我比一般人無法處理自己的情緒。就像小孩子一樣，我的許多情緒因為壓抑太久，很原始，又缺乏訴說的語言，所以當我第一次把這些情緒表達出來時，方式很像小孩子，會尖叫、哭泣、打人。這對我的婚姻和家庭生活造成很大的傷害，我身在其中也很痛苦。

這幾年，在自己的努力、家人的支持和治療師的陪伴協助下，我逐漸可以用成熟、理性的方式表達情緒、和他人溝通，而不是用尖叫、哭泣和暴力。因為有這一段極端痛苦的過去，我很能同理小孩的情緒。**我知道，在情緒出來時，他要的只是有一個人在旁邊陪伴他，讓他有安全感，並且知道：「我和你在一起，我和你的情緒在一起。我不害怕你，所以你也不必害怕自己。你不必為了擔心被我討厭、遺棄，而壓抑你的情緒。」**

不需要掩飾「不完美」和「有情緒」

有一次，我因為有煩心的事而失去耐性、對兒子大吼。之後我和我的治療師懺悔，他問

我：「妳有沒有造成無法磨滅的傷害？」我說：「好像沒有，那我回家跟他道歉。」治療師說：「也不一定要道歉，妳可以自然地和他相處，告訴他，妳為什麼煩悶，妳兒子很聰明，他會懂。而且，妳這樣可以讓他看見，世界末日並沒有來臨。媽媽沒有從此一去不回地變成壞媽媽，媽媽又變成好媽媽了，這樣，他也比較容易接受自己身上的好與壞。」

我越來越相信：讓小孩看見我們為人父母的不足、不完美，屬於凡夫俗子的那一面（也有情緒、也會失控）是重要的。多年來，我一直無法把「好」和「壞」結合在一起，很大一個原因是：印象中，我沒有看過父母大吵，我媽媽也很少打罵我。她幾乎沒有在我面前表現過憤怒、失望、不滿，甚至不會抱怨和碎碎念。後來她說，這是因為她媽很喜歡碎碎念，她覺得很煩，於是下定決心做一個不會念的媽媽。

多年來，我一直認為自己的母親很完美、理想，也努力當一個像她那樣的母親。當我無法做到時，就會對自己充滿負面的情緒，而當這些情緒無法透過語言抒發，我便陷入深沉的憂鬱或憤怒。直到很後來，我才發現：我媽媽也沒有這麼完美，她只是很努力地當一個好媽媽，甚至太努力了，努力到讓我無法想像「不完美」和「有情緒」是怎麼回事。

情緒本來是一件很自然的事，不該是禁忌。但是很奇怪，人們對很自然的事（比如性，比如死亡）就是寧願遮遮掩掩，把它搞得很神祕，不是三緘其口，就是極力控制（也許，這就是為什麼市面上那麼多教人情緒管理的書），甚至會因為它們出現而陷入恐慌、中止對話（「你這麼情緒化，我們怎麼溝通」）。

其實不必這樣的。我們沒有必要害怕情緒，而是要學習如何面對它，以及遇到情緒失控的場面，又該如何處理。面對情緒的第一步，就是學習表達它的語言，然後把它說出來。當情緒有了名字，它就不再那麼可怕，而是可以透過溝通慢慢變得溫和。

最近，兒子會表達難過的情緒了。「我好難過，因為妳今天和爸爸吵架。」「我好難過，因為我想爸爸。」聽到這些話，我鬆了一口氣。兒子並不住在沒有情緒的真空空間，而且他也知道怎麼打開窗戶，讓空氣流通。

我感謝他對我的信任，肯和我說這些話；也提醒自己要讓情緒有個出口，如此，我的生活、以及我們的生活，都能更加自在。

蔚昀

TAIPEI

擁抱孩子的情緒

孩子哭吧哭吧不是罪

很多人希望孩子趕快長成符合秩序、守規矩、笑容可掬的模樣，可是我不要那樣。在孩子能夠表達想法前，身為父母的我們必須當他最稱職的翻譯，讓周邊親友了解孩子的狀態，讓孩子模仿我們，說出自己生氣的原因，設法消化自己的情緒。

蔚昀：

讀著你的信，讓我忍不住哼起天王劉德華一首自己填詞的歌曲〈男人哭吧不是罪〉，開頭第一句就是「在我年少的時候，身邊的人說不可以流淚」。

我常常覺得奇怪，難過、憤怒與愉悅都是正常情緒表現之一，為什麼孩子笑嘻嘻時能得到誇獎，生氣或哭泣只能換來責罵、威脅或取笑？

擁抱孩子的喜怒哀樂

一歲半的澄澄在被我們阻止或拒絕時，會突然大哭，倒地打滾。我們勉強把他拉起身，只會換來一陣小拳頭拍打，哭鬧上好一會兒，最後才張開雙臂，要求抱抱安慰。第一次遇上時，我覺得新奇的不得了，原來倒地痛哭真的是人類自然本能啊，我可沒教過他這招式！但其他人就不這麼想了，有次回娘家，沒睡飽的澄澄情緒不穩，一連上演了好幾場哭戲，我爸媽雖然沒多說話，但看得出來爸爸已經瀕臨崩潰邊緣，心裡大概怒吼著：「你就是那種不會教小孩的媽媽，才會放任小孩哭鬧！」

當小孩失控大哭或暴怒時，爸媽往往也變得緊張不安。為了快速改變孩子的情緒狀態，爸媽若非一不小心就冒出威脅恐嚇（你再哭我就如何如何），或是賄賂討好（你不哭我就怎樣怎樣），甚至直接拍打手心、屁股作懲罰。無論是哪一種，皆非你我成人間會彼此對待的粗暴方式。為什麼孩子的失控會讓我們失控？或許是純粹心煩、或許是在意他人眼光，設法表現出自己有負起「教育孩子」的責任，掩蓋自己無法成功安撫孩子的挫折感。

兒子哭泣時，只要能空出雙手，我做的第一件事是蹲跪在地，張開手臂問：「怎麼了？需不需要媽媽抱抱你？」接著我會設法在當下的情境，找出哪裡有問題：是不是一直擦拭鼻涕讓他煩躁了？白天親子共學時與友伴起了衝突？突然改變作息時間讓他變得焦躁？午睡時間太短所以感到疲倦？當我抱著他時，我盡量保持冷靜找出可能線索，安慰他，等待他發洩完情緒，自己慢慢恢復平靜，然後我會為他讀一本故事書，擦擦涕淚縱橫的小臉，讓他好好「重新暖機」後再出發。

上述過程快則三分鐘結束，慢則半小時也停不了。我不禁感嘆，生兒子比交男朋友還累，對待老公都沒這麼小心翼翼。誰不希望孩子永遠笑咪咪？可是我不是生個機器人，只能接受他的喜怒哀樂。

和孩子一起學習面對情緒

我的家庭氣氛與你家正好相反，從小父母幾乎天天吵架（他們定義為大聲說話），體罰也是家常便飯，媽媽常拿著塑膠水管追著我們跑，爸爸激動起來也會一巴掌打下來。升上國高中之後，爸媽不再體罰，但口頭責罵還是少不了。想當然爾，我們一家三個孩子脾氣也不是太好，總是吵吵鬧鬧、和爸媽大聲頂嘴；大學時我還常在大吵一架後，氣沖沖流著眼淚拿著行李就跑回宿舍去。

這幾年結婚生子，有了房貸壓力，我才漸漸明瞭，上一代因為經濟壓力、孩子兩三個接著來，哪有心思花時間和孩子溝通、討論，理解孩子的行為發展與情緒變化，又怎麼有可能花上半小時慢慢等孩子說出心裡的話，或許他們的童年也是這麼度過呢！當然，他們現在已經是六十多歲的老人，但歲月的洗禮，只是讓他們表現憤怒的方式更加頑強，稜角一點也沒磨損，我們彼此間繼續碰撞受傷。

為什麼我無法以對兒子的耐心對待父母呢？我心裡非常懊悔，我瞭解每個人都有情緒不佳的狀態，遇到別人處於「警戒期」時，我希望自己先平穩情緒，理出對方想溝通的內容，再將心裡的不舒服，慢慢說出來，告訴他：「我不喜歡你的口氣，不喜歡你的態度，我們可以談談這些事，等你能好好說話的時候。」你猜我有沒有成功？

當然沒有！爸媽將沉默思考、試圖冷靜的我解讀為「生悶氣」，火山立刻爆發。不過呢，我很清楚，六十年的積習是無法一朝一夕改變的，但我可以先改變自己，就從和澄澄一起學習生氣開始。

回顧自己的成長過程，我沒機會學習到如何面對自己的各種情緒，憤怒、忌妒、悲傷，常常轉為羞愧、愧疚、憤怒、責備他人，但沒人教我探究原因。當我被取笑愛生氣，或被斥責不准生氣時，其實心裡非常受挫，我需要安慰、同理、幾句溫暖的話。難道就因為我是小孩，所以沒有生氣的權力？

這一年我因為澄澄開始學習，生氣了怎麼辦？該怎麼說出生氣原因？如何在生氣時持續溝通？我常常失敗，但還是繼續練習。很多人希望孩子趕快長成符合秩序、守規矩、笑容可掬的模樣，可是我不要那樣，在孩子能夠表達想法前，身為父母的我們必須當他最稱職的翻譯，讓周邊親友了解孩子的狀態，讓孩子模仿我們，說出自己生氣的原因，設法消化自己的情緒，這件事必須及早開始練習。

這個課題很難，我必須努力學習，畢竟廿四小時跟孩子相處，真的很累很倦，必須極力克制才不會對孩子口出惡言。好友 Irene 曾勸我：「大人適時的對孩子說出自己的感覺（I message）是有必要的，畢竟孩子還小，處於本我、自我階段，沒辦法敏銳察覺他人的感受。我們可以用『你這樣做，媽媽覺得很難過』、『媽媽今天工作好累，你可以抱抱媽媽嗎？這樣我就比較不累了』慢慢培養孩子的同理心與關懷別人的能力。」

我真的這麼做了喔！在情緒爆發前，我決定先敲響警示鈴。我會跟兒子說，媽媽現在很累、媽媽會痛、媽媽現在生氣了，然後暫時癱軟倒地，或去廁所放空一下，有時他會無所謂，繼續玩玩具，有時他會呆呆看著我，或是哭著找我。這一小段空白時光過去後，我會抱著他，輕聲地再說一次我的感覺，然後給彼此機會和好。或許他現在還不是很明白，但有一天他會懂。我所做的練習，是在那一天來到前，減少自己失控罵他或威脅他的可能。

別誤會我是個有耐性的人，這種誤會會讓我的老公嚇到下巴掉下來。我只是覺得孩子真的好可愛，連生氣時奮力大哭的模樣都可愛，那麼真誠、那麼不掩飾，能用誠實的面貌對待彼此，小孩子真是了不起的生物。

淑婷

都是妳！

快滿五歲那一陣子，兒子常常對我說：「都是妳！」玩太累走不動，要媽媽抱，媽媽不抱，一路哭回家，「都是妳！」和比較大的小孩玩球，對方不想照他的規矩玩，他又不懂別人的規矩，雙方鬧得不愉快，「都是妳！」朋友覺得他一直哭鬧，打擾了遊戲，很討厭，不想跟他說話，他想和好，卻被拒絕，「都是妳！」

我知道這些「都是妳！」，是兒子在感到無助、憤怒、不知道怎麼發洩情緒的情況下，所能想到的最後的、也是最安全的出口，因為媽媽是他最信任的人，也是最能包容他情緒的人。但是另一方面，一直要當他情緒的垃圾桶，我也是會感到疲累、憤怒、沮喪的。

我嘗試跟他講道理。但是在氣頭上的他，只會跳針回應：「都是妳！都是妳！都是妳！」有時候我不理他，有時候我會忍不住吼回去：「並不是都是我！」某一天早上，我們匆匆忙忙準備上學，兒子卻拖拖拉拉、哭哭啼啼。快要遲到了，兒子還是不想動。這時候，要出門辦事的老公也發火了，我們互相吼來吼去、小孩繼續哭泣，最後我強行抱著兒子，出門上學。

在路上，兒子又開始對我說：「都是妳，都是妳」。聽了一個禮拜的「都是妳」，我實在受不了了，跟他說：「如果你再說一次，我就不要跟你在一起。」

我知道那是一句很嚴重的話，說完馬上就後悔了。回家的路上，我在心裡對自己說，放學看到他要跟他道歉。但是，我同時也想告訴他，他把一切的不愉快發洩到我身上會讓我不舒服。他可能會因為自己、我、別人或者客觀因素（很累、想睡、天氣很糟、肚子餓）而感到不愉快，不愉快是正常的、隨時可能發生的，重要的是去面對和解決它、與它共處，而不是趕快把錯怪到別人頭上。至少，「我」不想要他把錯怪到我頭上。「我」不想要以這樣的方式被對待。

我想，我們還會和「都是妳！」「都是你！」「都是XX」這些話相處一段時間。我並不想把這些話完全趕出我們的生活。因為我覺得，怪別人和吃喝拉撒一樣，是人之常情，但是我們必須知道如何去面對，不讓它們影響到我們的生活。

我希望我和兒子都可以明白：人與人之間的相處必然會帶來一些傷害與痛苦。我們都在學習。也許我們會常常失敗，但是我們可以試著給自己和彼此多一點的溫柔和理解。然後，如果試過後真的沒有辦法做到，那也沒有關係。（蔚昀）

KRAKÓW

與小小孩的溝通

聽彼此說話，不是只是叫他聽話

我並不認為，和小孩溝通討論，就是有損父母的權威。討論不代表我就要「聽」兒子的「話」或「讓」兒子，因為如果他是一個有自己意見的獨立個體，我也是一個有自己意見的獨立個體。我和他的意見同等重要，都必須被尊重。

淑婷：

很多年前，有一部很好看的電影，是西班牙導演阿莫多瓦的作品，叫《悄悄告訴她》。電影是關於兩個男人的友情，以及他們所深愛的、昏迷不醒的兩個女人的故事。其中一個男人每天照顧他的女人、對她說話，另一個男人懷疑地問：「她都聽不到啊，你幹嘛一直說？」第一個男人回答：「如果你愛她，就跟她說話。」

我不太喜歡中文片名，而是比較喜歡原文片名 Hable con elle，也就是「跟她說話」。

不過，我和妳提起這部片，並不是想談「說話」，而是想談「聽話」。

從小到大，我們聽到「聽話」這兩個字的次數，應該有幾千幾萬次吧？在家裡，父母叫我們「聽爸媽的話」，在學校，老師要我們「聽校長的話、聽老師的話」。我們總是聽到：「乖，聽話。」「聽我的話沒錯。」「怎麼這麼不聽話啊？」「怎麼都講不聽啊？」「要講幾次才會聽？」「你到底有沒有在聽？」

我們小時候一直被告知要「聽話」，但是奇怪的是，大多數叫我們「聽話」的人，其實並沒有想要我們聽他們說話，他們只想要我們服從他們的命令，照著他們的話去做。而我們的話，通常沒有人要聽。

要別人聽話，我們就不必接受挑戰

我想我是幸運的，我有一對相對開明的父母，可以接受我「不聽話」（不過，這「接受」也是需要花費時間、付出努力才能達到的）。然而，多年來在家庭及學校養成的聽話習慣，不是那麼容易改變，而它也對我教育小孩的方式產生了影響。

每次，當我對兒子說話但他沒反應，我都會說：「你有沒有聽到？」而當他有和我相反的意見，比如不想穿我給他準備的衣服／吃我煮的東西／走我想走的路／接受我的時間安排，我第一個反應都是氣急敗壞的：「你怎麼這麼不聽話啊！」有時候我會把這句話說出口，有時候不會。

直到我回過神來，才發現：「他也是個獨立的個體，他也有他的意見啊！他的意見和我不同。或許他的年紀比我小，並不代表他就是錯的。我小時候不是最討厭別人叫我『不要問，聽話就對了』嗎？那我為什麼還要己所不欲施於人呢？」

我仔細再去想「聽話」這件事，還有為什麼我希望兒子聽我的話，以及為什麼他希望我聽他的話（對喔，五歲的小男孩是會對爸媽說「你們要聽我的話」的）。我得出的結論是：我們希望別人聽話，因為這樣比較方便，這樣我們就不必接受挑戰、改變原本的計畫。我們想要捍衛的，是我們的價值觀和意見，「聽話」只是一個手段（而且不是很好的手段），不是目的本身。

如果「聽話」不是我的目的，那我為什麼要為了小孩「不聽我的話」而生氣，搞得自己不愉快呢？我為什麼要強迫他「聽話」，而不是和他討論、溝通、然後找出一個彼此都能接受的解決辦法？

當然，討論、溝通、一起找解決辦法，是很花很花時間的。如果父母對這個方式沒有信心，搞不好會覺得根本是浪費時間，甚至有損自身權威，會讓小孩「養成討價還價的壞習慣」。

可是，在現實人生中，除了很威權的關係，我們不是也常常與不同往來對象在「討價還價」？拿出書來作例子好了：編輯會和作者討論文字風格，編輯會和美編討論設計風格……在討論之中，一定會有意見不同的時候，如果每一個人都要彼此「聽話」，完全聽不進別人的意見，那合作要怎麼繼續下去？

也許有人會說：「那不一樣啊，大人比較成熟，可以對話，小孩會耍賴。」沒錯，小孩可能會耍賴、不講理（其實很多大人也不遑多讓），但這就是他們需要我們教育的原因，不是嗎？如果小孩從小沒有練習對話、溝通、妥協或據理力爭的機會，他們長大是要去找誰練習？到時候再去「放手讓他做決定」，搞不好不是放手，而是像「放生」一樣美其名曰放生，其實是放死呢？

我並不認為，和小孩溝通討論，就是有損父母的權威。討論不代表我就要「聽」兒子的「話」或「讓」兒子，因為如果他是一個有自己意見的獨立個體，我也是一個有自己意見的獨立個體。我和他的意見同等重要，都必須被尊重。

聽懂了彼此，更能好好說話

在我寫這封信給你的同一天，兒子的同學們（一對姊弟）正好來我們家玩。他們的媽

媽也來了，孩子們玩耍，媽媽和我們夫妻聊彼此的育兒心得，大家都很愉快。可能是因為太愉快了吧，最後要道別的時候，小姊弟拖拖拉拉不想走。小姊弟的媽媽雖然已經想回家了，但是她沒有強硬地逼他們快去穿衣服，而是跟他們約定：「再繞房子跑五圈就要走了喔。」（在我們的幼兒園，許多孩子在父母來接他們時，都會要求：「再五分鐘。」大部分的家長會接受，或說：「不行，只能兩分鐘。」孩子們也會遵守和父母的約定）

跑完了五圈，小姊弟們一個要喝可可亞，一個要玩捉迷藏，於是，離去的時間又拖延了一陣子。兒子也不希望他們走。當他看到小姊弟的媽媽和我們都開始比較強勢地催促，就開始放聲大哭、尖叫，甚至生氣地打我們（其實，他會這麼激動，也是因為他累了）。

我一方面可以同理兒子（身為獨生女，我非常了解分離的痛苦，那就像是心被撕裂了一樣），另一方面也知道客人們真的該回家了。但是，我不想太過強硬地罵他、威脅他：「你再這樣下次他們不來了！」（而且當兒子在氣頭上，我講這些根本沒用）我抓住他的手，告訴他，他不可以打我，這樣我會痛。兒子還是很激動，於是我老公接手，去跟他溝通。

客人在穿衣服的時候，兒子從房間爬過來，坐在玄關大哭，尖叫，一直說：「我不要！我不要！」我把手放在他肩膀上，說：「我了解，我了解你很難過，我了解。」等客人們穿好衣服準備離去，兒子的哭聲變小了，並且終於聽進去小姊弟問他的問題：「你下禮拜要不要來我們家玩？」兒子點頭，然後我們平靜地說再見。

不出我所料，客人走了，兒子立刻跑到床上躺平。我躺在他旁邊，說：「你要記得跟我說對不起喔。」他搖搖頭，可是不一會兒，卻伸手抱住了我，然後閉上眼睡去。

也許，如果我比較強硬，事情可能會比較快解決，兒子會比較怕我，許多事都會比較「方便」。但是，現在的我不想要方便。在波蘭住了十年，經歷過許多與波蘭人溝通上的困難後，我知道方便其實是最不方便的，而溝通對話、在妥協的同時守住自己的界限，比一開始就堅持己見、拒絕對話，來得重要許多。

我聽見了兒子的疲倦、憤怒和擔憂，也聽見了他沒說出口的「對不起」。我同時也聽見了自己的疲倦、憤怒、守住界線的困難，和我對兒子的同理心。

我盡我所能地去聽。我相信，當我和兒子聽懂了彼此，我們會更懂得如何和彼此說話。

蔚昀

與小小孩的溝通

誰需要「聽話」？

好好聽孩子說話，認真和孩子說話吧。詞彙有限的兩歲兒，表達能力雖有限，只要我們耐心等待，他們就會努力拼湊出自己心底的風景，訴說各種令他不安的元素，每一次的傾聽，都不該被打斷、質疑、反駁。

蔚昀：

「聽話」，真是一個有趣的詞。到底我們比較希望孩子聽話，還是需要聽孩子說話？每次我不小心脫口說出：「乖，聽話」時，心裡都不免一驚。為什麼我會希望他聽話？我自己明明不是個聽話的孩子，從小我最討厭成人叫我「乖乖聽話」，這個詞對我來說，指的是：「你不要說了，聽我說就好，我說的準沒錯／我是為你好。」

隨著年齡增長，我們漸漸知道聽話不一定正確。爸媽要你聽話穿上厚厚的衣服，讓你汗如雨下，一點也不相信你的身體感受與判斷；爸媽要你聽話別多問問題，儘管你對他們正在討論的事充滿不解與疑惑；甚至爸媽要你照他們的要求填寫大學志願卡。

我們已經年長到能夠體認一件事，要孩子「聽話」只是成人便宜形式的做法之一。這其中沒有溝通，不需要妥協，零協商，一切由權威者的意志而定。「我說的又沒有錯」、「我不會害自己的孩子」、「他懂什麼」，對於我的質疑，一定有父母會這麼說吧？

成人真的不會犯錯或做錯決定？成人真的什麼都懂？成人真的沒有不小心害過自己的孩子？沒這回事吧，我自己三天兩頭就在檢討一時衝動說錯話、走錯路、帶錯東西、忘東忘西呢！

好好聆聽孩子的話

在要求孩子聽話前，我們先來聽聽孩子說話好了。

會說話的孩子每天都能逗樂我們，有時兒子看著換好衣服準備出門的我，會冒出一句：「媽媽漂亮！」天啊，這是哪裡學來的啊（保證不是他爸，他爸這輩子沒跟我說過這種話）睡覺時，若我翻身背對他，他會喊著：「想媽媽，想媽媽！」使勁把我扳回來，用力摟著我，連腳都跨上來，送上「一轉身就開始想念」的浪漫。

他學會語助詞，「不要不要不要」變成「不要了」，然後是「吃飽了」、「睡覺了」、「還好吧」、「好像是喔」。有時也會突然冒出：「好無聊」、「我在發呆」、「我現在沒空」。這些小大人般的童言童語，很讓長輩開心，總要求他一講再講，然後哄堂大笑。兒子覺得莫名其妙，問：「為什麼全部的人都要笑？」

我認為將孩子說的話視為娛樂，是一種不尊重的行為，說到底，你聽的不是他話裡的意思，想傳達的意念，而是他說話的認真神情與不標準的語調。我對於這樣的行為當然不以為然，誰喜歡說話後被取笑呢？不如反過來你每講一句話，我就大笑吧？

不只是心情愉快時，要好好聽孩子說話，在我們因孩子行為感到憤怒、羞愧、焦躁時，更應該聽孩子說話。前陣子，兒子開始出現打人的行為，讓我們苦惱不已，我沒辦法斥責他，因為我不知道他發生了什麼事。

那一晚洗澡時，兒子突然說，L會打人，B也會（兩位曾經動手打人的大小孩），我問他，所以你也打嗎？他又重複一次後，我再問，「那你是L嗎？我是L媽媽嗎？」他想了一下，說不是。這幾句話，讓我察覺了他的困惑。

又有一次在公園，兒子跨坐在腳踏車上，看到一個爬行的寶寶突然靠近，猛地往前移動，不偏不倚的撞上，力道不大，但足以讓寶寶嚇得大哭了。我知道這時候多數的媽媽都會把孩子抓起來罵一頓，甚至痛扁給對方一個交代。

但我想先和他討論一下這件事。我們移動到一旁的階梯，他橫坐到我身上，身體蜷曲在我懷裡，像剛出生的嬰兒那樣，這是我們兩人都喜歡的「抱抱聊天」。「你知道寶寶被撞到會痛嗎？」「知道。」「那寶寶為什麼哭呢？」「因為很痛。」「那你為什麼還要撞他呢？」「他爬過來，他不站起來！」傻孩子，你也曾當過爬行動物好一陣子啊！

找出了原因，要不要去道歉呢？兒子想一想，說：「等一下，還沒準備好。」我決定相信他說的話，我們開始騎車，當他停下來休息時，我就問他，「準備好了嗎？」他回答：「還沒，等一下」，半小時後，那位寶寶與媽媽要離開公園了，他才說：「可以了。」然後乾脆的抬頭說：「對不起。」對方欣然接受，我也很慶幸，他說的那些話，我有好好聽進去，並且相信他，沒有強迫他去道歉。

在對話裡碰觸到對方的心

接下來的幾週，我們常常討論打人、遊戲、情緒這些事，我會先說出自己的想法，再聽聽他的意見。習慣了和兒子的說話方式，我才發現，平日生活裡人們說話與聽話的方式是如此隨便；有些人說話時頭也不抬，有些人在你說話時看著手機，有些人彷彿在聽你說話，回答的話卻風牛馬不相及。然而已經掌握語言技巧的成人，在上述的這些情況，依舊可以回應一些不見得有意義的漂亮話／風涼話。我們儘管聽了彼此的話，卻沒有碰觸到對方的心。

再仔細觀察公共場合裡，家長與孩子的對話模式，我發現大吵大鬧的孩子，往往是因為他們好好說話時沒人理會，父母沒在聽，或是聽了也裝沒聽到，沒有給予適當回應，甚至是說些無聊的玩笑、取笑帶過，讓孩子越來越激動，最後換來一頓責罵，「怎麼那麼不聽話！」可是明明不聽話的是成人。

有一位朋友告訴我：「有些成人很重視小孩的身體生病、受傷，而對小孩的情緒與情感關照的比較少。但是，孩子的情感比我們想像的脆弱，身體則比我們想像的強韌。我們應該溫柔照顧他們的情感，放手操練他們的身體。」

我想，這裡說的溫柔照顧情感，就包括了好好聽孩子說話，認真和孩子說話吧。詞彙有限的兩歲兒，表達能力雖有限，只要我們耐心等待，他們就會努力拼湊出自己心底的風景，訴說各種令他不安的元素，每一次的傾聽，都不該被打斷、質疑、反駁。

當孩子認真的和我說話時，我會抱著他，謝謝他願意和我分享，讓他知道，媽媽永遠會看著他的眼睛，仔仔細細聽他說每一句話！

淑婷

教育家眼中的「對話性教育」

我在和兒子相處時，常常會想起巴西教育家保羅・弗雷勒（Paulo Freire）和他的「對話性教育」（Dialogical Education）。在這樣的教育中，老師不只是老師，學生也不只是學生，兩者的身分是可以轉換的。透過提問、對話，老師和學生一起探訪未知、尋找答案、增進知識，而不是老師單方面地把已知的知識傳授給學生。

對話看似簡單，其實很難。對話不只是「講話」，對話有可能會讓歧見浮上檯面、引起衝突、挑起情緒……很多時候，對話是不禮貌的、沒什麼效率的。有時候這個過程很花時間、很煩人，比如當我們和兒子討論要穿哪一件外套出門，為此花上了好一段時間，我偶爾也會氣呼呼地想：「啊我就要他穿上我拿給他的那件不就好了嗎？為什麼要問他的意見？」

可是，即使很麻煩，我還是盡可能地和兒子對話，因為這是我可以留給他的最好的資產之一。我相信未來的時代是對話的時代，只有學會對話、適應對話，兒子才能和與自己不同的人相處，並且面對改變。

我並不覺得對話是可以「教」的。對話必須是一個真誠的、自然發生的過程。

●和孩子對話溝通沒有技巧，也沒有速成的撇步，最重要的是真心誠意地聽和說。
●還有，當孩子問：「這是什麼？」「為什麼？」的時候，可以多花一點時間向他解釋、和他討論，這樣不只是帶領孩子認識世界，也可以讓自己的想法更加清楚。
●我不會避免使用兒子不熟悉的字或概念。沒聽過的字或概念，用簡單的語言去解釋就好了，也可以使用譬喻甚至詩。

另外，培養對話的習慣也很重要。念床邊故事給孩子聽，不失為一個練習對話的好方法。我在念故事的時候，有時候會加一些我的評語，然後也會問兒子：「你覺得怎樣？」這樣子，故事就不只是故事，而是可以讓我們產生對話的素材。

不過，在念故事或對話的時候，不必刻意進入冗長的人生大道理的討論。我討厭說教，也討厭聽人說教。何況，念故事是為了好玩，對話也是為了好玩。如果不好玩的話，做起來也很沒勁了。（蔚昀）

KRAKÓW

尊重孩子是可能的嗎？

尊重小孩的感覺

在許多大人心中，尊重並不是普世價值，不是人生來就有的權利，而是你要付出一些代價，給予大人他們想要的東西，才可以得到的獎品……

淑婷：

上個禮拜，我去兒子的幼兒園接他放學時，在教室的門上看到兩張紙。一張紙上寫的是媽媽會做的事，另一張則是爸爸會做的事。筆跡看起來是大人的，但是內容很童言童語，應該是小朋友一起腦力激盪，老師再抄下來的。

我讀著這些句子（「媽媽會烤餅乾給我吃」、「爸爸會帶我騎腳踏車、和我一起做一些蠢事」、「媽媽會給我念睡前故事」……），一面露出會心的微笑。然後，有一個句子打中了我，讓我目瞪口呆。它說的是：「媽媽會尊重我。」

為什麼這個句子會讓我這麼驚訝呢？我想，那是因為「尊重」從來沒有在我的童年中以很稀鬆平常的姿態存在過。一個波蘭幼兒園的小朋友竟然可以得到媽媽的尊重，而且他也注意到這份尊重，還能把它說出來，對我來說是件很不可思議的事。

「尊重」是普世價值，還是教條？

每當我回想成長過程中接觸到的「尊重」，我能想到的都是比較不平常的情境，比如說小孩破壞了規定，就會有大人叫他「要尊重別人、尊重團體」。不然，就是比較教條式的「尊師重道」、「要先自重，別人才會尊重你」。

彷彿，「尊重」就像老師手中的教鞭，平常不會出現，而當有一些不好的事發生，它就會跳出來維持秩序。它也是只屬於大人、只聽令於大人的（就像教鞭屬於老師），我們小孩子無法使用它。或者說，我們使用它是有條件的，只有當我們「尊重別人」（其實指的是很乖、很聽話、很安靜、不要打擾到大人），我們才配使用「尊重」這個字。

我一直記得我小學一年級還是二年級的一個畫面，有一個同學在被老師處罰的時候，和老師說：「我爸媽說老師應該尊重我們。」老師冷笑一聲，回答：「你自己都不遵守規定，都沒有自尊了，這樣的人不值得尊重。」說完，就啪一聲打了下去。

我想我那時候就領悟到，在許多大人心中，尊重並不是普世價值，不是人生來就有的權利，而是你要付出一些代價，給予大人他們想要的東西，才可以得到的獎品（當然啦，我那時候無法這麼有條理地去解釋這個概念，我只是很單純地想：「要乖才不會被打，還有，不要像我同學那麼笨，還去談什麼尊重」）。

可是，如果尊重真的是需要照著遊戲規則走、付出代價才會得到的東西，那為什麼老師什麼也沒做，就應該得到學生的尊重？而且，當老師對我們做了不好的事，比如，因為一個女同學在被打之後沒有哭、反而微笑，老師就一直打她，還說：「我要打到妳哭為止。」這樣子我們還要尊重老師嗎？

為什麼我們被教導要尊重、感謝傷害我們的人（小時候在學校被老師打都要說謝謝）？為什麼我們的感覺、我們的喜怒哀樂、被公開處罰、羞辱的屈辱感和恐懼，卻不被重視？為什麼有些大人口口聲聲尊重我們的選擇，但是當我們的選擇與他們不同，他們又不高興，還是執意他們的選擇，說這樣才是「為我們好」？

這一切，都是因為我們是小孩子嗎？因為我們是小孩子，我們的感覺就不是感覺？我們的意見就不是意見？因為我們的身體比較小，我們的權利就比成人矮一截？

不打不罵不威脅，有可能嗎？

有些大人覺得打罵和羞辱小孩是教育的必要手段，因為「會痛，才會記得教訓，才不會再犯」那痛可以是身體的痛，也可以是心理的痛。也許，這就是為什麼，有些成人會理直氣壯地體罰小孩、辱罵小孩，更嚴重的，會把懲罰小孩的過程放在網路上公開。但是他們不覺得自己的行為有什麼不妥，甚至還會認為自己在盡父母的責任。

在我心目中，這些暴力行為（不管是身體、語言，還是情緒的暴力）並不是教育的一部分，也不是它必要的手段（雖然我們經常聽到：打罵是必要的，大家都是被打罵過來的，都沒有出問題，如果小孩子連這點壓力都承受不了，怎麼面對外面的世界⋯⋯），而是一種無法被正當化、正常化的虐待。這些虐待留下的心理壓力，可能會延續很長的一段時間，造成可怕的後果。

兒童心理學家愛麗絲・米勒（Alice Miller）曾在她的著作《身體不說謊》中寫道：「我稱這種暴力形式的「教養」是虐待，不只是因為孩子被否定了他身為人類所應得的尊嚴與尊重的權力，同時也建立起一種極權體制⋯⋯這種童年的模式必然會被受害者複製了，用在他們的伴侶與孩子身上，用在工作場域與政治領域裡⋯⋯獨裁者就是透過這種方式產生的；這些人在內心深處蔑視任何人，他們在孩童時期不曾受到尊重，日後便試圖用強大的

權力迫取尊敬。」（林硯芬譯，心靈工坊出版）

我對米勒的這段話感同身受。我因為一二年級時在學校被老師打罵、嘲諷、羞辱，然後更慘的是，發現父母也無法保護我（他們知道這是錯的，但是跑去和老師溝通後，卻被老師譏諷，連帶讓我受到譏諷，後來，我就不再向父母求救了），我從很小的時候就有很深的無力感，覺得世界是有壓迫性而且殘忍的，是我無法改變的。這無力感一直跟隨著我，讓我的人生籠罩著陰影，直到我當了媽媽，我才有了勇氣，開始可以說出：「我想要不一樣，我可以不一樣。」

跟孩子一起尋找體罰之外的答案

蔚昀

我並不覺得，父母不打不罵不威脅就不會讓孩子受到傷害——我父母就是這樣做，但只是這樣是不夠的。在那之外，應該還要有更多的東西，讓孩子可以抬頭挺胸，面對外面世界的殘酷及美麗。

我還不知道那更多的東西是什麼，我正在尋找答案。在此之前，我希望我可以做到不管發生什麼事，我都會跟我的孩子在一起，而不是轉過身去，假裝他的痛苦不存在，甚至對他落井下石。

學習不侮辱孩子的父母之愛

說「不是、不可以、不要」前，我希望自己是想過的。不只這些，我不太希望自己隨便說話，讓小孩感到傷心，或被羞辱、嘲笑、輕蔑。我沒有打算幫孩子建立溫室，只是不該由我來當傷害他的那個人。

親愛的蔚昀：

你信裡提到「尊重孩子」，讓我反覆的回憶自己的孩提時代是否被尊重過？坦白說，我腦海裡一片空白，但你若是問我，是否曾被成人羞辱？我大概可以洋洋灑灑說出幾十個例子，包括我結婚前一天，媽媽帶著我到附近服飾店添購嫁妝，為了和店員形容我的體型，她竟然毫無預警的掀開我僅單穿一件的上衣，我慌張的拉下衣服抗議。但「媽媽永遠是媽媽」這句話不是說假的，她才不當一回事。

有段時間臉書上不斷有人轉貼小學生的演講比賽影片，留言一面倒批評裝腔作勢、教育失敗。我非常介意這件事，比賽影片上有校名、人名、比賽場次，學生的臉拍得清清楚楚，這麼公開的網路霸凌（對，我就是要說霸凌，還有比這更權力關係不對等、從上而下的欺侮嗎？）讓一個孩子學會那樣說話，還不是成人教出來的？你以為嘲笑的是制度，但傷害的是孩子。

不過成人當然不會錯過任何羞辱孩子的機會，每年基測、大學指考公布作文滿級分文章，絕對是一年一度的羞辱大會，畢竟作文沒有標準答案，誰想怎麼說都可以。只要幾位名人公開批評，網友就會跟著開罵。這一刻，誰會想到那個在緊張的考試氣氛下，努力擠出靈感化作文字的人，可能看到這些批評指教，他認不出自己死命寫出來的文章嗎？那些文章有那麼糟嗎？我無從置喙，那孩子他可能就是把學到的、背過的、曾被稱讚過的寫作法，一口氣全用上，只為了在稚嫩的生命裡奮力拼搏一次。

日常生活中不經意的羞辱

負面的話語很常在日常生活中發生，例如小孩一進家門，長輩笑臉盈盈，開口第一句話卻是：「怎麼都不叫人！」小孩嚇了一跳，在門外練習好的招呼語也不肯說了。為什麼長輩不肯等著孩子準備後再開口，而是劈頭就認定小孩不懂打招呼？我很疑惑，何況長輩進門時也不見得會主動打招呼（所以這是一件小時候該做、長大後不必做的事？）

事實上，很少有成人意識到自己在羞辱孩子，當他一、兩歲還是依戀母乳的幼兒時，會不斷聽到：「羞羞臉，這麼大了還喝奶？」當他因為無法言語溝通，哭泣胡鬧時，「這麼愛哭，丟臉！」因為怕生拒絕和親友打招呼或躲到爸媽身後時，「這麼沒禮貌！」

「你不吃，我要給某某吃喔！」「不想去，我只帶誰誰去喔！」換個立場，若有人這樣對我說，我只會覺得你好無聊，要吃就吃，要去就去，我一點也不在意。我們之所以認為小孩會在意，是因為小孩十分依賴成人供給食物與陪伴需求，還有因為生存本能產生的嫉妒感。激起小孩這樣的情緒，我覺得很討厭。為什麼不先思考小孩不吃、不離開、不出門的原因？

「小孩子又聽不懂。」這是我常常聽到的藉口。既然孩子聽不懂，那麼這些話是要說來羞辱爸媽的嗎？還有，為什麼以為孩子聽不懂？

我爸是傳統派阿公，常常當眾談論兒子的事，有時是感到好笑，有時特意取笑，沒想到兒子一歲半開始有了反應，會突然緊緊盯著阿公看，然後三秒落淚，非常委屈的開始嚎啕大哭，用盡全力讓我們知道，他聽得懂，而且很在意！我們必須再三安慰，「阿公不是在罵你，他不是故意的。」我爸會亡羊補牢的說：「阿公最愛你啊。」可是啊爸爸，愛不能拿來當取笑的藉口，我更不希望兒子成為會取笑所愛之人的人。

我們何時才能將孩子當成「人」一樣的對待？用尊重的方式愛他，教育他，當然也包括指責他。

父母也沒有權力侮辱孩子

台灣街頭、公園、賣場，隨處可見羞辱責罵孩子的方式，背景常是孩子嘶吼大哭，爸媽斥責威脅、撇頭不理，不論孩子在旁急著拉手、要求擁抱，那樣的心理折磨讓旁人看了就心痛。到底有多憤怒、多氣孩子，才能將孩子的自尊如此踩在腳底下？到底是多重要的道理，必須讓孩子先喪失所有的尊嚴與被愛的感覺，才能讓他們學會？

我們必須時時提醒自己，即時是父母，也沒有權力侮辱孩子的人格，「你為什麼不……」、「你不要這樣……」、「你不懂……」開口必是否定句，是許多爸媽的通病，反正孩子是「自己的」，有「管教的權利與義務」，很多輕蔑、嘲笑、惡毒的話，輕易脫口而出。回頭想想，我們成長過程沒因此被刺傷過嗎？

兒子對我說過幾次：「我最討厭媽媽了！最討厭最討厭！」我想一想，回他：「沒關係，媽媽還是很喜歡你。」如果心情也很惡劣，我會選擇不理會。回到前頭，這時候說任何話，都不會讓誰比較好過。

說「不是、不可以、不要」前，我希望自己是想過的。不只這些，我不太希望自己隨便說話，讓小孩感到傷心，或被羞辱、嘲笑、輕蔑。或許有人覺得，連最親近的人都要這麼小心相處，太複雜了。但我覺得對家人說話態度謹慎是應該的，沒必要對陌生人小心翼翼，對每日相見的家人就隨隨便便。

我沒有打算幫孩子建立溫室，只是不該由我來當傷害他的那個人。

淑婷

羞辱不是給孩子的預防針

有一種教養的說法是這樣的：對小孩要不留情面地批評、冷嘲熱諷，要對他們「說實話」、「預先羞辱」，這樣他們自我感覺才不會太過良好，這樣當他們來到「外面的世界」，才會有抵抗力和盔甲，能夠面臨現實的風吹雨打……

這樣的「教育方法」看似有道理，其實有很多盲點和危險。

- 它假設「外面的世界」是修羅場，只有人踩著人往上爬，只有批評和防禦，沒有合作與討論。也許，這樣的世界確實存在，但是它絕對不是現實的全貌。
- 如果有一天，當孩子長大離家，來到「外面的世界」，發現他生活的世界需要的能力是談判與溝通、適當地表達自信，並且接受別人的讚美（而不是虛偽矯情，或是自謙自卑地說：「沒有啦，我不夠好啦，我不漂亮啦。」）、以及適當地給予別人讚美（而不是像他身邊的大人一樣，用冷嘲熱諷表達愛），他會不會無所適從、甚至覺得被大人騙了呢？
- 這種「教育方法」預設小孩對情緒無感（或者沒有情緒）、臉皮像犀牛一樣厚，會自動把羞辱解讀成變相鼓勵，辱罵轉化為愛。但是，如果遇到一個比較纖細敏感的孩子呢？他會不會把這些羞辱（「你好醜、你沒價值、你做不到、不要以為你有什麼了不起、你一點都不特別」）當真，然後真的認為自己一無是處？

很多時候，答案是肯定的。我在自己和他人身上看過許多不幸案例——接受了這種「震撼教育」的孩子，長大後即使出類拔萃（達到父母或社會的期待），依然可能認為自己什麼都不是，而且不可能被愛。如果真的有人愛他們，他們反而會受寵若驚而不敢相信。

雅歌塔・克里斯多弗的小說《惡童日記》，描述一對在戰爭期間被母親丟到鄉下避難的雙胞胎兄弟用鞭子互打，一邊打一邊說一些溫暖的字句，比如母親，比如愛和溫柔。最後，他們變得對這些字毫無感覺，也不再需要溫暖的情感，這讓他們可以在沒有仁慈，也缺乏道德的世界裡活下去。

我們今天的世界，是這樣的世界嗎？我們需要以這樣的方式教育孩子嗎？我覺得不需要。即使，這樣的「預防注射」可以讓孩子更有抵抗力，有能力面對一時的困難考驗，但它留下的傷害是一世的，而且也不能讓孩子有能力面對所有的狀況。

與其給孩子注射以恨、恐懼和羞辱為原料的疫苗，我寧願給他愛、希望，和建設性的鼓勵批評。（蔚昀）

我們要走體罰的回頭路？

TAIPEI

打罵孩子真的是教育嗎？

父母想打罵孩子的欲望，究竟是在發洩情緒，還是在教育？我想讓孩子屈服於威勢與力量，還要理解「愛」是什麼，這種做法多麼地強人所難！而成人自己擁有可以任意對孩子施加權威的權力，是多麼需要戒慎恐懼的一件事！

蔚昀：

我常常在想，體罰到底是一件多值得說嘴的事情，以至於到現在，二〇一六年，還有那麼多自稱是教養專家的人，寫文敘述自己如何以體罰管教小孩，辯解自己為何不得不打小孩。

那些支持體罰的話術大概是以下內容：體罰並非毒蛇猛獸，適當使用仍具效果；家長不必心懷內疚，只要讓孩子知道自己錯在哪裡，知道為什麼被罰，讓孩子服氣被罰，體罰後給孩子愛與道理，就是教育的一種。

這種合理化自己打人行為的文字，再流暢也只是說明：「我告訴你，我就是要打你」，小孩會犯錯，成人犯的錯更多更惡。當我們在職場寄錯信、忘記會議、稿子有錯誤、媒體亂下標題操弄輿論，主管或讀者觀眾可不可以說：「你錯了，我要打你，你知道我愛你才打你嗎？」這麼說，你服氣嗎？

「不一樣，我打孩子後給他愛的教育。」

「看到很多『愛的教育之可怕小孩』後，我對於體罰的看法逐漸修正。」

「我們這一代全是被打大的，但父母與師長的體罰，並不曾讓我們變得暴力。」（提醒一下，你正在打小孩喔！）

作為爸媽，我們很清楚為什麼會動怒想打罵小孩，往往是因為時間壓力、情緒波動、溝通技巧的不足，沒辦法理解小孩的想法，有時連孩子「態度惡劣」，都是打罵的理由。可是，態度好壞相當主觀，當我們情緒好、狀態佳時，對於態度差的人，會體貼他是不是發生了不好的事？身體不適？睡眠不足？情緒不好時，一句「隨便啦！」都可以讓人發怒。

贊成體罰的人堅持，管教孩子是避免他們誤入歧途，造成社會負擔，孩子不打就不會聽話，不會懂得尊重他人。這些人堅持，自己能夠拿捏打罵的程度與力道，因為打罵只是一種懲罰形式，最重要的是透過懲罰，讓孩子明白自己的行為錯誤，或是遠離危險。可是成人在口出惡言或是拿起藤條時，真的有自信自己依舊保持理智、沒有動氣嗎？

曾有朋友問我，父母對孩子的影響大嗎？上一代的爸媽多屬於威嚴派，一問就生氣，一開口就是比較或嘲諷，抱持相反的意見就是叛逆，不聽從他們的建議就是不孝順，即便孩子長大了想說道理，也成了善辯。那樣長大的我們，現在還是能主張不打不罵，是不是過份放大了父母對孩子的影響？

其實我相信父母對孩子的影響很大，但不在於「我會變成怎麼樣的人」，而在「我心裡的傷」。我都三十四歲了，但只要說起小時候，就是媽媽如何打我（工具放哪記得一清二楚），爸爸盛怒下的巴掌（我連原因地點都還記得）；我覺得受傷又難過，主動和爸媽提起一些被打罵的往事，他們卻早就沒印象；對他們而言那根本沒什麼，不過是繁重育兒片段裡的極短時刻。相反地，他們說著一些好玩的事，特地帶我們出遊的回憶，我完全沒記憶，童年的悲傷是我覺得是難以忘懷，且某天憶起後不會再消失的痛楚。

朋友安慰我，並非現在長大了，相對能理解年老的父母親，甚至跟他們感情更好，就代表那些打罵記憶會消失，那無關於願不願意「原諒」父母，或者能不能理解他們當時的困境，而是那些傷就是一直都在，永遠會在類似的場景，刺傷我們心裡的孩子。

你覺得我太誇張嗎？或許吧，但如果不曾好好追溯自己的生命之路，我無法完整的愛自己；若非接納生命所有悲傷憤怒的時刻，我不會發現，自己其實足以被當時的父母、其他成人好好對待。

和你不同，我是被結結實實打大的小孩，體罰不曾有讓我心悅臣服的一天，如果我沉默，只是因為不理解與無從反抗。這一點在我當媽媽後，有了更深的體悟，我也曾有幾次氣到想打小孩的魔性時刻，當下察覺到的不是「要教小孩」，而是自己的無助、沮喪、疲憊，那與小孩無關，是我個人的情緒管理與環境支持的問題。我甚至很害怕自己有那樣的念頭，竟然想打一個身形小於自己兩三倍、口語能力發展中、行動能力不穩的幼兒，我在想什麼？只要我一甩手，幼小的孩子就會飛出去或跌倒吧！我想打罵的欲望，究竟是在發洩情緒，還是在教育？我想讓孩子屈服於威勢與力量，還要理解「愛」是什麼，多麼地強人所難！而成人自己擁有可以任意對孩子施加權威的權力，是多麼需要戒慎恐懼的一件事！

當我選擇了不打不罵，並非意味著我完全忍讓、無條件接受和不管教。所有嘗試過不打不罵的父母都知道，那會浪費很多時間、耗盡心力，想破了頭讓孩子明白自己的意思，猜出他話中的語意。但養小孩本來就無效率可言，只能放下手機、關掉電視、少睡一點，多擠一些時間，好好與孩子對話，設法減少我可能施予的傷害。

不打不罵不代表不教育，我只是不想以強勢的力量去面對問題，我想試著以溝通跟了解去解決難關。當孩子被這樣好好對待、有機會討論思考時，未來遭遇到什麼樣的人、什麼樣惡劣的態度，應該都能找出一套應對的策略。

畢竟孩子會花上一輩子成長，我們只是在他生命的前期，陪伴左右，供給營養、保護他不受外在傷害，孩子不會永遠在溫室被我們保護著。是的，所以我們該給的是，支撐他離家後心靈依舊勇敢堅強又溫柔的力量，以面對真實世界各種變化，而不是「既然你早晚都會受傷，那我就先打你，讓你知道世界的真實」。

那些相信打罵才能解決問題的人，是否已經忘記父母當年的模樣？忘了自己曾握著小小的拳頭，發誓未來絕對不重蹈覆轍以體罰養育子女？他們選擇相信，孩子就是欠打、劣根性強，他們是否一直以來未曾被別人好好傾聽過？我常常懷疑這件事。

也許他們在打罵小孩時，應該在小孩背後放一面鏡子，看看盛怒的自己是什麼表情，那就是小孩眼裡，爸媽最真實的模樣。

淑婷

KRAKÓW

我們要走體罰的回頭路？

不打孩子可以教孩子嗎？

孩子因為生氣、絕望、得不到自己想要的東西、或是疲倦鬧情緒而來打我們的時候，要阻止他嗎？還是要把他抱開、緊握住他的手說「不可以打人」、或是離開現場？我們可以對他大吼大叫、之後生他的氣不理他嗎？

淑婷：

今（二〇一六）年夏天，我和先生、兒子計畫回台灣待一年。一方面是我們面臨到生涯規劃的轉折，另一方面，我離開台北到國外生活也十六年了，所以想回台灣看看。再說，我也希望孩子能多認識他的另一個祖國——台灣。

回台灣一年，當然會面臨到許多挑戰。撇開我和先生的適應問題不說，孩子也有數不完的問題要面對。雖然他中文說得不錯（但不會讀寫），每年也都有回台灣和外公外婆相處，但是基本上，他還是一個受波蘭教育的波蘭小孩。在我們和幼兒園的薰陶下，他相信他有自己的意見，也相信他有表達這些意見的權利（以上兩點非常波蘭），更相信他和大人是平等的。大人必須尊重他的身體和感覺，相對地，他也必須尊重大人的身體和感覺。

這樣的小孩，會不會不適應台灣重視威權的教育體系？如果有一天，老師因為他不守規矩而打他，他要怎麼面對，我們又要怎麼面對？

受體罰的恐懼永留身心

我本來對體罰的問題沒有想太多。波蘭學校自二〇〇一禁止體罰，二〇一〇年修法後，更是完全禁止包括父母、照顧者在內的所有人對小孩施行體罰，包括打屁股（不過，二〇一五年的民調顯示，半數的波蘭父母仍會體罰小孩，也有老師希望能在學校恢復體罰）。在妳我上小學、上中學的那個年代，體罰還是稀鬆平常的事。二〇〇六年台灣通過《禁止體罰條款》修正案，明文規定政府公權力應保障學生不受體罰，如果學生的身體自主權和人格發展權受到侵害，可以依法向國家尋求協助及求償。我於是天真地以為，現在的情況比以前好多了。

可是，事情真的是如此嗎？校園禁止體罰已經十年了，但我們還是三不五時會看到老師體罰學生的新聞。比如說打學生耳光、罰學生交互蹲跳或爬樓梯……當事情鬧大了，學校多半不肯好好道歉，只想掩飾，說自己沒錯，或者表示遺憾，說老師很好只是壓力很大、一時衝動，要家長和孩子原諒、讓老師有一個改過的機會……

我們在網路上也會聽到一些聲音，說零體罰害死台灣人，台灣太民主自由，老師都不知道怎麼管教也不敢管教了，學生會騎到老師頭上，社會因此養出更多罪犯。又有人說，過量的體罰不好，但適度的體罰是可以的。甚至還有親子教養專家教父母如何在「理性計算」下「細緻、精準」地體罰孩子……

在這些討論中，我們聽到許多父母、老師、官員、教育相關工作者的聲音，卻很少聽到孩子自己的聲音。到底，孩子想不想被打？喜不喜歡被打？對他們來說，被打是一件好事嗎？他們可以接受「體罰會改正我的行為，讓我變成一個好孩子，別人打我是關心我為我好」這樣的概念嗎？

小孩喜不喜歡、想不想被打？我不認識很多其他的小孩，但是我自己還有我兒子，以及我記憶中的小孩們（親戚的孩子、學校的同學），都是不喜歡也不想被打的。被打身體會痛，而且心裡會充滿擔心、害怕、不安、丟臉和罪惡感。這些都是我在童年期間經常感受到的情緒。我父母不打我，但是我一二年級的老師打學生打得很兇，五六年級的老師也會打人。國中老師雖然不體罰，但他卻是用更「細緻、精準」的言詞酸我們、羞辱我們。

這和打也沒兩樣，只是傷口看不到。

不管我們想不想承認、喜不喜歡，台灣就是一個依然在虐待兒童的國家。我和妳，還有許許多多的人，都是受虐兒。今天我們是大人了，是父母了，但這不會改變這個事實。**被打、身體疼痛、心靈恐懼、受傷害的感覺，留在我們的身體裡、留在我們的記憶裡，我們時時刻刻都必須去面對它**——為了活下去，為了不把這些恐懼和傷害轉移到別人身上（有研究顯示，許多施暴者小時候都有受到暴力對待）、為了保有愛的能力。有些人面對的方式好一點，有些人差一點。

做出不打小孩的決定，然後呢？

我很佩服妳。雖然妳有時候會想要打小孩，但是在妳失控之前，妳會躲到別的地方去，為了不傷害孩子。我曾經失控過。在兒子一兩歲的時候，我打過他幾次。這多半是在他大哭大叫、不聽話、把我搞得也快崩潰的時候發生。我打他，然後罵他：「為什麼這麼不聽話！」但是他沒有聽話，反而哭得更大聲。然後，我也哭了，一方面是覺得挫敗，一方面是覺得對不起他，我沒有成為一個好媽媽。**我努力想要成為一個好媽媽，但是我失敗了。在我身體裡和心靈裡的暴力種子沒有離開，反而長成一片荊棘森林，把我自己刺傷，也把**

我愛的人刺傷。

是什麼時候決定不管怎樣，也絕對不能打小孩？我想，是在他四歲半左右。有一天，他告訴我幼兒園的小孩會打他。我說：「不可以喔，別人不能打你，你也不能打別人。」他說對，然後說：「妳以前會打我。」聽到這句話時我愣了一下。他真的記得？不是胡說？我要怎麼回答他？難道我可以解釋說「小孩不可以打小孩，但是大人可以打小孩」嗎？想了一下，我說：「對，媽媽以前打過你，我做錯了。媽媽向你道歉。我以後不會再打你了。」

我告訴老公這件事，和他約定：不管怎樣，我們都不可以再打小孩（老公以前失控時，也打過兒子）。我們可以大吼、罵人、尖叫，但是不能動手。如果真的失控動手，一定要向孩子道歉，並且改正自己的行為。在那之後，我們還是違反了約定一兩次，但是慢慢地，我們都做到了不再打小孩。

不打小孩後，我們面臨到新的問題：要怎麼教養孩子？當他因為生氣、絕望、得不到自己想要的東西、或是疲倦鬧情緒而來打我們的時候（他比較常打我），我們要如何面對處理？我們要對自己說「種瓜得瓜，種豆得豆，因為我們以前有打他，所以現在他打我們也是報應不爽」嗎？我們要阻止他嗎？要怎麼阻止他？他打我們時，我們要以牙還牙嗎？還是要把他抱開、緊握住他的手說「不可以打人」、或是如果可能——離開現場（比如老公留下來陪他，我躲進房間或出去一下子）？我們可以對他大吼大叫、之後生他的氣不理他嗎？

這些問題都很尖銳、困難、尷尬。它們不禮貌、不美麗，但是它們很真實，而且沒有標準答案。每次兒子失控來打我的時候，我都會不知道自己所做的到底對不對（我是不是太軟弱了？缺乏虎媽精神和狼性？我打回去會比較好嗎？）。有時候我會緊抓住他的手，有時候我會對他大吼，有時候我老公會把他抱開，有時候我們會對他說話，有時候他聽了我們的話就平靜下來，有時候會變得更歇斯底里。

就在我以為這一切是無間道的時候，有一天，兒子不打人了，彷彿這一切從沒發生過。他頂多只會大吼大叫，哭一哭，發出抱怨不滿的聲音、雙手抱胸。他表達憤怒的語彙變豐富了，打人不再是唯一表達憤怒不滿的方式。

如果表達憤怒不滿的方式，不是只有「打人」，那告訴小孩「你做錯了、我不喜歡你這樣做、這樣做不可以」，是不是也有很多種方式呢？我想是有的。我們能夠脫離那個「你打我、我打你」的可怕過渡期，進入一種新的溝通模式，正是因為我們找到了表達各種情緒、交流各種想法的其他管道，而且我們一直沒有放棄尋找，即使在最深的憤怒和絕望中。

台灣的老師、家長應該也可以和小孩一起找到這些表達和溝通的方式吧。也許過程會不容易，但是我想這並非完全不可能。只要開始，總會找到一條路的。

只要相信路存在並且有意義，就會有動力找下去。

蔚昀

你決定如何對待另一個人？

常常會聽到有父母或老師問：「不打小孩，那我要怎麼教？」這真的是一個很重要的問題，不應該被輕視，問這問題的人也不應該被諷刺或嘲笑。

老實說，我也不知道要怎麼教啊。我教育兒子的方法，並不是以教養書的現成「食譜」為基礎，而是建立在一次又一次的實驗和失敗經驗上。我對兒子的教育，或者該說，我、我先生、我兒子對彼此的教育——是從我們的個人特質及個人經驗這獨一無二的土壤中長出來的活生生樹木，這樹木會開花結果，會讓我們在下面遮蔭乘涼，但當風雨來臨時，它也需要我們的保護，枝葉也可能掉下來將我們打傷。

每一種教育方式都會有好處和壞處，每一種教育方式也有它需要處理和面對的問題。威權教育下教出來的孩子可能比較乖、比較好管理，但是他們可能會缺乏創造力和獨立思考的能力。自由隨興教育下教出來的孩子，可能會比較有創意和獨立思考的能力，但是他們可能也比較不聽話、難管理，父母要花比較多時間和他們溝通，有時候也必須讓步。

哪一個比較好？這個問題沒有答案。比起這個問題，父母該問的是：

●「哪一個方式會讓我和孩子比較自在？（注意，是自在，不是舒適方便）

●孩子是什麼樣子？我自己是什麼樣子？

●我想要的親子關係是什麼？

●孩子對我來說是什麼？

●我為什麼活著？

仔細想完這些問題，想清楚什麼對自己是重要的、什麼不是重要的，自己可以、並且願意做到什麼，做不到什麼……「如何教孩子」的答案就會自然浮現。因為當父母其實就是當一個人，**父母所做的決定是人的決定——決定如何看待、對待另一個人。**

我們都是第一次當父母，就像我們都是第一次活。我們不可能不犯錯。但是，只有真正親手去創造，這個人生才可能是我們的，而不是根據某個樣板做出來的複製品。

回到「不打小孩，那我要怎麼教？」我想這個問題沒有現成的答案，也不應該遇見現成的答案。相反的，它的回答應該是：「我不知道。你覺得你想要怎麼教？你想要和你的孩子一起經歷什麼樣的成長過程？」（蔚昀）

KRAKÓW

誰喜歡乖小孩？

教出乖小孩不是我的人生志向

與其教出一個唯唯諾諾、沒有自己想法的機器人，或是為了不讓別人討厭自己、為了不受處罰而壓抑情緒的「乖小孩」，我寧願我的兒子野一點、叛逆一點、有挑戰我們的自信，而不是活在整整齊齊、不能越界的格線裡面。

淑婷：

最近我因為要參與一個公益計畫，於是看了一些和過動症相關的資料。我之前對過動症不是很熟悉，現在的了解也是很初步的。關於過動症要不要用藥、新北市的過動篩檢（編注：二〇一四年新北市政府推動「注意力不足過動症」全面篩檢計畫）是一片美意，還是會造成草木皆兵、人人都是過動兒的結果，我還在整理自己的想法。

只是，當我看到有些家長或老師建議給孩子吃藥，因為這樣孩子上課會比較專心、比較乖、成績比較好等等，就覺得這樣的想法真是不可思議。乖真的有這麼重要嗎？重要到要用吃藥來達成目的？乖是什麼？是不吵不鬧、遵守秩序嗎？還是服從大人的指令，不唱反調？

對以前的我來說，「乖」這個字是無色無味、理所當然的，就像女人來月經要戴拋棄式衛生棉一樣理所當然。我以前不會想拋棄式衛生棉環不環保、好不好用，只知道我從小到大都用拋棄式衛生棉，所以也應該一直用下去，直到最近，才開始思考：是不是也有其他的選擇，如布衛生棉、棉條、月亮杯？

「不要太乖」的生日祝福

開始對「乖」有一些懷疑，是在兒子三歲多的時候。那時，老公去烏克蘭辦一個展覽，和當地人聊天，聊到我們有一個兒子，才剛滿三歲。那位烏克蘭老先生依照東歐人的優良習俗，祝我們的兒子生日快樂、健康平安，還祝他不要太乖。「為什麼不要太乖呢？」老公問。老先生笑笑，說：「太乖……似乎不太好吧？」

雖然我本人很叛逆，也覺得人要有獨立思考和判斷的能力，但是聽到有人正經八百、真心誠意地祝福我們的小孩「不要太乖」，第一時間還是會覺得怪怪的，甚至有些反感（那他不乖的時候你是要幫我帶嗎？）。

但是仔細想了想老先生的話，我覺得他說得沒錯。是啊，與其教出一個唯唯諾諾、沒有自己想法的機器人，或是為了不讓別人討厭自己、為了不受處罰（不管是體罰還是語言羞辱），於是壓抑情緒的「乖小孩」，我寧願我的兒子野一點、叛逆一點、有挑戰我們的自信，而不是活在整整齊齊、不能越界的格線裡面。

我很喜歡的、由挪威夫妻 Svein Nyhus 和 Gro Dahle 共同創作的繪本《乖小孩》（*Snill*）就是關於一個活在格線裡的小女孩。主角露西是個很乖很安靜的小孩，就像白粉筆、格子筆記簿一樣安靜。她總是笑嘻嘻，她總是在課堂上回答問題。但是，正因為露西這麼乖、這麼聰明、這麼安靜、這麼不需要人操心……人們漸漸不再注意她，直到有一天她突然消失。

露西的家人朋友老師都很擔心、難過、著急……到處尋找她，卻看不到露西消失到了牆壁後面。露西隔著牆看她的家人，想要大聲求救，但是她叫不出來，只能微笑，因為她只會微笑。突然，露西感覺到她的喉嚨很癢，身體裡有東西在痛。她直起身子，開始放聲大叫。

露西的叫聲把牆壁穿破，大家看到這個渾身髒兮兮、怒髮衝冠的小女孩都好驚訝。這是露西嗎？這是那個我們熟悉的、又安靜又乾淨又乖巧的露西？大家都嚇壞了（爸爸甚至躲到衣櫃裡）。但是在此同時，大家也發現，在牆壁裡面還有好多好多像露西一樣，又乖又安靜的女孩（還有一位失蹤多年的姑媽呢！），現在則因為露西的叫聲把牆壁開出一個洞，這些女孩於是可以出來了……

我看到結局的時候，覺得好感動。因為我以前也是一個又乖又安靜，最後遁入牆中的女孩。後來，我的尖叫也把牆鑽開了一個洞，落下的碎石曾經傷到我和我的家人。但是現在，我想我們都活得比以前自在了，而且都學會不要把自己關到牆中，而是好好地把自己的快樂、悲傷和不滿用語言說出來。

「乖／不乖」並非黑白分明

語言是重要的。我們不只用語言溝通，也用語言認識現實、建造現實，就像用磚塊蓋房子。如果我們使用的語言（磚塊）只有「乖／不乖」、「聽話／不聽話」、「守秩序／不守秩序」，我們所建造出來的現實（房子）也可能是單調的，只有黑白構成的平面，卻沒有陰影灰階創造出的立體空間。

為了讓我們的語言及現實都更豐饒，我開始試著在和兒子說話時，更精確地去定義、命名一些事，而不是只是把人事物歸類成「乖的」和「不乖的」（五歲的他，理解力其實很強了）。不過，這並不表示我禁止我們使用這個字，畢竟我沒有潔癖，而且幼兒園老師和我先生也都會使用這個字啊。

我試著告訴他，我今天很高興，因為他很合作，沒有堅持一定要去比較遠的A餐廳，而是接受了我的建議，去比較近的B餐廳。我們順利地吃完了飯，他還自己穿了衣服，很獨立，這樣媽媽就不必做每一件事，不會這麼累，他是很棒的小幫手。媽媽買玩具給他，不是因為他乖，而是因為他做了這些很棒的事。

當他有「不乖」的舉止（比如做危險的事，或是鬧脾氣不肯穿衣服，玩太嗨不肯洗澡，我不准他看YouTube，他就生氣跑來打我……），我會試著理性堅定地跟他說：「我不喜歡你這樣做，因為你這樣做讓我不舒服。因為我很累，我想趕快把事情做完，你這樣會讓所有的事變慢。因為現在已經很晚了，因為我們約定好你YouTube只能看到這裡，你要遵守約定……」有時候他會聽

進去，有時候他會大吵大鬧，有時候我也會生氣大吼，然後當我們都冷靜下來後，我會為我對他大吼向他道歉，也要求他為打我向我道歉，並且把規定再解釋一次，以及為什麼我們都要遵守規定。

我並非不希望我的小孩有禮貌、懂得合作溝通、懂得理性思考、能夠獨立處理一些事，只是我希望他能夠了解這些事的意義，並且選擇往好的方向努力，而不是因為「這樣比較乖」、「這樣有獎品」（當然啦，對這個年紀的小孩來說，獎品是很大的向善動機，但獎品可以是非物質的）或「這樣才不會被罵／被處罰」。

教出乖小孩真的不是我的人生志向。我只想盡力把我認為值得知道的一切、值得實踐的價值，傳遞給我的孩子，並且讓他有選擇的權利。

我相信他會選擇良善，而他也確實這麼做了。

蔚昀

TAIPEI

誰喜歡乖小孩？

你不必當乖小孩

台語有個詞「猴山仔」，將孩子描述成靈性高、情緒豐沛、好動活潑的小猴子，他們看到高處就想爬，看到平衡木就跳上去，堅持走在人行道的某一側，不懂變通……我們是否常常忘了孩子的特質與活動需求，而小孩看起來「很過動」，是個人問題還是環境造成？

蔚昀：

兩歲的孩子常常被稱作「trouble two」，彷彿他們是世界上最厲害的麻煩製造機。這點我沒有太大感覺，反倒常常打從心底佩服我兒子那無邊無盡、彷彿是個天然湧泉的旺盛精力。

有一天，他早上八點起床，到晚上十點依舊保持清醒，中間只小睡了五分鐘，這一天他可不是在室內靜靜玩玩具，或是看繪本、聽故事，他在公園結結實實玩了六小時，又是跑步、又放風箏，還玩了沙，媽媽已經快口吐白沫倒地了……

最後我強迫他進房睡覺，免不了崩潰大哭、涕淚狂流、狂踢媽媽，緊緊抱著，在嚎啕哭聲的伴奏下，我開始自顧自說起故事。幾分鐘後，我懷裡的小孩漸漸冷靜下來，晚上十點半我們一起進入夢鄉。

兒子體力超好，即使白天出門玩了幾小時，小睡後，立刻恢復電力。晚上若沒出門，就在家裡跑跑跳跳，也會學狗爬來爬去。有時我覺得他像顆彈跳球，東玩西玩，一刻也不得閒，即便好好坐下來了，也嘰哩咕嚕說個不停，他會跟玩具說話，跟我們說自編故事，跟貓狗說話，真是忙翻了。

我以為這是多數兩歲兒的生活常態，直到朋友提到孩子入幼兒園不到一個月，就被老師要求帶去鑑定是否過動，而他的孩子只是常常上課說話、比較活潑外向，她平常鮮少和孩子說「不」，而是先說明，為什麼可能產生危險？有沒有防礙或影響到別人？母子兩人一起討論後，再讓兒子想一想，該怎麼做才好。

但老師剛好相反，總是先說「不行」，「為什麼？」孩子問，老師解釋後，孩子就像平常和媽媽對談一樣，說出自己的想法。可能老師沒有太多時間解釋，一旦無法成功說服，不願聽從指示的孩子，就會隨著自己的心意坐在地上或站起來。

朋友一邊說，我一邊冒冷汗，這根本提前預演我兒子的未來校園生活，檢視我們從公幼到大學的師生比，公立幼兒園一班有三十人，兩個老師負責，一人照顧十五個孩子，國小是三十人一班，國高中又多一些，大學還有近百人的大班級授課呢！

我們的老師，從一開始就沒有辦法有耐心、有時間、有足夠的體力，去關照每一個不同特質的孩子。

是「過動」還是「活潑好動」？

在我小時候，社會對於精神疾病沒有這麼多的了解與知識，責罵、威脅、棍棒是最好用的校園管教方式。如今能接受體罰的家長越來越少，成人卻開始動不動就把過動掛在嘴邊，希望孩子趕快去看醫生吃藥，越沒有自己的聲音越好。

作為成人，我們真的能夠正確分辨所謂的「過動」與「活潑好動」嗎？這之間有沒有任何客觀、科學的分野？

在二〇一五年衛生福利部出版的「注意力不足過動症」小冊子裡，列出臨床上的診斷準則，大家不妨藉著以下的項目，想想自己是否具備過動特質。

- 無法密切注意細節，經常粗心犯錯
- 無法維持注意力
- 經常看起來不專心聽他人講話
- 無法完全的遵照指示把事情做完
- 對規劃工作及活動有困難
- 逃避、排斥參與需全神貫注的功課與活動
- 經常遺失物品
- 容易受外界刺激影響分心
- 經常遺忘事物
- 經常手忙腳亂，坐著也是扭動不安
- 需好好坐在座位的場合，時常離開座位
- 過度的四處奔跑、攀爬
- 無法安靜下來
- 經常處於活躍狀態
- 一直講話或發出吵鬧聲
- 在問題未說完就搶答

●需輪流的場合無法等待
●在遊戲與一般對話時，常打斷或侵擾他人

說來好笑，這十八項標準，我竟然幾乎條條中獎！你又命中多少呢？如果我們因此判斷孩子過動，必須服用藥物，那我又該吃什麼藥？用藥物來強迫孩子安靜下來的作法，實在讓我太不安了。我更想知道，如果現在的孩子比較無法集中注意力，那是怎麼造成的？又該如何補救？

孩子天性受到的誤解與壓抑

每次去公園，我總能看到好多連玩耍自由都喪失的孩子。溜滑梯越來越矮，而且必須從上往下滑，盪鞦韆要乖乖坐著盪（我還曾聽過家長要求只能盪十下，當眾一、二、三……

一聲聲數出來），在室內的親子館或兒童圖書館，家長或館員一直提醒「安靜、小聲！」

既然這些環境就是為了孩子而設，為什麼我們忘了孩子的特質與活動需求呢？小孩看起來「很過動」，是個人問題還是環境造成？

台語有個詞「猴山仔」，將孩子描述成靈性高、情緒豐沛、好動活潑的小猴子，他們看到高處就想爬，看到平衡木就跳上去，堅持走在人行道的某一側，不懂變通。當你忽視他時，他會大叫引人注意，在安靜的場合特別想說話唱歌。

當父母的生活越來越融入這座城市的規矩，孩子活動的需求越來越難被滿足。雙薪家庭大多不得已先把孩子送到保母家，三歲時再送入幼兒園，一歲的孩子、二歲的孩子、三歲的孩子，在成人眼中只有形體的變化，發展需求的演變卻被忽視。

仔細看看我們的孩子，你會發現社會對於孩子話語與行動的回應那麼少。許多人直到當了爸媽，還是不了解兒童在心智發展、行為、情緒、特質，甚至疾病等面相的關聯，只知道說「乖一點」，然而當孩子乖乖長大時，得到的批評卻是：太乖了、沒有競爭力、不懂創新！

舉例來說，孩子亂丟東西，將餐桌上的碗盤、湯匙掃下桌時，他不一定是因為憤怒，也可能是手部小肌肉的發展令他欣喜，反覆的扔丟是一種學習方式（如同我們學打籃球、彈鋼琴），卻常被責備是調皮搗蛋、脾氣壞。

又或者孩子們相互爭奪玩具時，心頭湧起的情緒往往跑在口語能力前，一揮手，就拿著玩具打下去，「你真不乖」與「我們練習說不要」，父母比較常說哪一句話？當孩子活在處處被規範「這個危險、那個不行」的壓力下，對於環境裡各種刺激，又該如何對應與化解？

對於過動，我不是要反對就醫與用藥，而是每個人獨一無二，是自小開始，並非成年後才養成。將孩子視為最特別的人，也認為自己是特別的，我想這樣試試看。

淑婷

有意識地做個乖小孩

不用威權（「給我乖乖聽話！」）、不用威脅（「你不乖我就……」）的教育是可能的嗎？我覺得是。我兒子在波蘭的幼兒園，老師鼓勵小孩子們向善，每天放學前，大家會一起圍成一個圓圈討論，小孩子會說自己今天做了哪些好事，哪些不好的事，並且給自己打成績。我很欣賞這家幼兒園的幾個作法：

●他們沒有分數，只有愛心和眼淚。表現得非常好的孩子會有一顆大大的愛心，表現很好的孩子會有一顆大小適中的愛心，表現得沒那麼好的孩子會有一顆小愛心，表現得比較差的孩子會有一滴眼淚……

●學校所定義的「乖小孩」是能自己打理生活、遵守學校規定、不打人、把盤子裡的食物吃完、會收玩具的小孩。如果能做到以上這些，就可以得到大小適中的愛心。

●除此之外，還會「不求回報地幫助別人」的孩子，比如協助比較小的小孩穿衣服（兒子的幼兒園是混班的，沒有分大中小班），或是教導新同學學校的規矩，就可以得到大大的愛心。

●兒子的幼兒園也有處罰，但不會打罵，只是讓犯錯的孩子坐在椅子上，不能加入遊戲，但改正後，就可以再次加入遊戲。

我喜歡這種「把幫助別人看得很重要」的理念，也喜歡學校讓孩子們自己決定要不要向善，要不要當「乖小孩」。在這樣的學習環境下，「乖」是一種決定，一種有意識的選擇，而不是因為害怕處罰所以不得不這麼做。

「乖」孩子們會得到什麼好處？如果孩子一個禮拜都表現很好，就可以得到一顆豆子，孩子們把豆子存起來，存到一定數目，學期末就會有一張獎章，然後父母就會給他們獎勵，這是學校和父母之間的約定。學校說，希望父母給孩子的獎勵是非物質性的獎勵，比如「和孩子一起做飯」或「帶孩子去某個地方玩」。他們說：「這樣的獎品，孩子會一直記得，比買禮物給他們還讓他們開心、印象深刻喔！」

最近，我看了一本關於波蘭兒童人權之父柯札克的童書（書名叫《布露卡的日記》，作者是波蘭插畫家 Iwona Chmielewska，台灣還沒有中譯版），發現兒子幼兒園的做法和柯札克的理念頗為接近。柯札克鼓勵孩子向善（守規矩、幫助別人……），認為獎賞比處罰重要，而做了不好的事情的孩子，他會原諒他，並等待他變好……

我不確定兒子對於「乖」和「好」的理解有多少。我想，他現在就是在學習這件事吧。對我來說，只要不是「因為別人說一定要乖所以才乖」，或是因為乖而壓抑了什麼東西，任何的嘗試和解釋都很好。畢竟，我們自己不也是一直都在調整與學習這件事嗎？（蔚昀）

第2部

創造親子共存的公共空間

哺乳不是私人問題

哺乳為什麼讓人害羞？

年幼時曾那麼渴求母乳慰藉的人們，為何在許多年後會對哺乳行為感到害羞或不悅呢？也許在我們的成長過程中，出了一些錯吧。

蔚昀：

記得兒子一歲時生了一場病，連續兩、三天高燒不退，常常安安穩穩的睡下，一小時後全身滾燙、汗涔涔的嗚咽轉醒。這種狀態下，懶洋洋的兒子幾乎無時無刻只想黏在我身上，隨時都得抱著哄、站著搖，就連坐著也窩在我腿上，食欲也很差，他拒絕了所有的食物，包括軟綿綿的甜布丁，只願意慢慢吸吮我的乳頭，額頭逐漸冒汗，呼吸節奏慢慢平穩，進入夢鄉，此時我真慶幸自己還在哺餵母乳！

餵母乳對我來說，是再簡單不過的事了。當兒子離開產道、剪斷臍帶，第一時間躺在我懷裡時，助產士捏了一下我的乳頭，多麼神奇，乳汁就那樣冒了出來，那生命的原始能力促使兒子快速的找到了乳頭，一口含住後，毫無困難的吸吮了起來，那一刻真是此生最美好的瞬間。

種種生產前關於餵母乳的擔憂都不見了。我非常幸運，沒有奶水不足問題，我相信母體能產生足夠餵養孩子的乳汁，兒子啼哭時我就餵奶，逐漸將育兒專家所說的「拉長餵乳時間間距」、「不奶睡」、「不夜奶」拋諸腦後，開始享受隨時隨地哺餵母乳的親密、快樂與方便，只要有一件設計適當的哺乳衣，或是一條哺乳巾，就能取代背包裡的奶瓶、奶粉與保溫瓶。

被迫私密的哺乳

唯一讓我困擾的是，台灣缺乏對母乳媽媽的友善環境。對我來說，在餐廳、捷運車廂或公車上哺乳，比在人來人往的馬路上哺乳還困難，那是一種眾人圍繞下、有意或無意窺視的壓力，「不會吧？她要當眾餵奶嗎？」「這是公共空間，那樣太裸露了吧？」即便自己坦然自若，身旁的親友也可能表現得比誰都尷尬。

最近一位朋友也遇到類似狀況。她帶著兩歲的兒子與十個月大的女兒與親友到一間親子餐廳聚餐，吃完飯後，她帶著孩子們到二樓遊戲間玩，當女兒想喝奶時，她直接將哺乳衣下掀哺餵，不料服務員屢屢來勸告移駕到哺乳室。

「我們這裡有男士喔！」服務員提醒她，但哺乳衣的設計不至於讓她裸露乳房，且她想看顧玩耍中的兒子，「我不在意。」她回答，沒想到服務員又說：「我們這邊是公共場所，妳這樣直接哺餵不好看！」而真正讓她難過的是，她的朋友也不贊同，還將「在大庭廣眾哺乳」相比成「在餐桌上讓小孩尿尿」，因為理由都是「孩子忍不住」、「這是天經地義的事」。

我明白不是每個媽媽都能接受公開哺乳，也有母乳媽媽告訴我，她必須在密閉空間才能安心餵奶，但我很介意「哺乳不好看」這句話。

原本哺乳就是一件再自然不過的事，在農村社會裡，母親揹著嬰兒在田裡忙碌，當嬰兒啼哭時，立刻在天地之間解開衣襟哺乳，我想是上一輩都有的共同記憶。但對現代媽媽來說，**餵母乳變得好困難**，從孩子剛出生，媽媽就可能因為護理人員、月嫂、親友的錯誤教學，拚命擠乳、催奶，睡眠不足、乳腺炎、聽到擠奶器聲音就情緒低落，孩子的體重、擠出的母奶量，和「喝母乳的孩子是個寶」這句標語，一起沉重的壓在每一個媽媽心頭上，擔憂自己餵不飽孩子。

雙重標準的乳房裸露

這些也就算了，哺乳竟然還變成了一件必須掩蓋的行為，即便穿著哺乳衣或使用哺乳巾，任一路人還是能要求媽媽必須進哺乳室餵奶，暗示這是一件「沒有人想看到」的行為，彷彿露出乳房十分低俗下流，但那麼多流行衣著採低胸設計，天天有穿著露乳裝的藝人出現在傳媒報導上。是誰覺得媽媽的乳房必須遮掩，街頭女孩或藝人的乳房露越多越好？

再論法規面，依「公共場所母乳哺育條例」第四條規定：「婦女於公共場所母乳哺育時，任何人不得禁止、驅離或妨礙。」且這項選擇母乳哺育場所的權利，不因該公共場所是否有設置哺乳室而受影響，違者可處六千元以上、三萬元以下罰鍰。

有些人說，動物隨時隨地哺乳是母愛流露，但人類是文明動物，不該有礙觀瞻。也有人覺得歐美國家女性直接在草地公園公開哺乳，那畫面真美，可是台灣太擁擠了，人與人之間距離太近，不小心就變成盯著哺乳的媽媽瞧，所以母乳媽媽還是躲一下的好……但這些理由都無法說服我。

只有愛與喜悅，沒有羞恥

我所渴望的友善哺乳環境，不只是公共空間、餐廳必設置哺乳室，在哺乳室外，也應有讓人安心直接哺乳的溫暖氛圍，畢竟餵養一個生命，只有愛與喜悅，不應存在任何羞恥。

最近網路上有人發起「露N乳餵N寶、台灣各地吃到飽」，邀請母乳媽媽分享自己於公共空間的哺乳照，回應各種歧視的網路口水戰，仔細瀏覽每一張照片，我找不出一點情色、變態的影子，我只看到每個個媽媽都專注凝視著喝奶中的孩子，有人撥著孩子的髮絲，有人輕撫孩子的背，餵奶是一件很美麗的事。他人注視的眼光無論是好奇或是帶著偷窺的興奮感，都無損此時此刻媽媽與孩子藉由哺乳共享的情感交流。

回過頭來，我還是想知道，年幼時曾那麼渴求母乳慰藉的人們，為何在許多年後會對哺乳行為感到害羞或不悅呢？也許在我們的成長過程中，出了一些錯吧。

淑婷

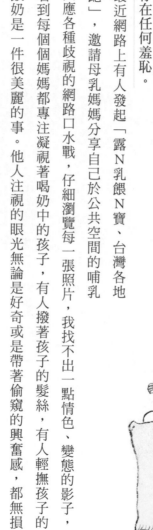

KRAKÓW

哺乳不是私人問題

母乳是一種權益

小孩子吃奶、媽媽餵奶給小孩吃，本來是一件天經地義的事，不必被當成洪水猛獸或敗壞風俗的事情來看待。然而，在保守的社會，所有的事都有政治性，包括哺乳。

淑婷：

讀著妳的信，心底完完全全的理解。想當初我還在哺乳時（也不是那麼久以前，畢竟，我餵到兒子兩歲九個月才斷奶呢！），也是在孩子病中塞一個奶給他，讓因為發燒而煩躁不安的他吸吮我的乳頭，慢慢平靜下來，沉沉睡去，在睡眠中消化具有免疫力和營養的母乳，再次獲得打倒病毒或細菌的力氣……

和妳一樣，我也很享受餵奶的時光。不過，我一開始的哺乳之路走得並不順遂。如妳所知，我是在波蘭生產的，而且是剖腹產。手術過後，我的身體很虛弱，孤單一人躺在加護病房觀察一晚後才轉到普通病房。第二天中午，丈夫帶著襁褓中的兒子來看我，我才真正仔細看清這在我肚子裡待了九個月的小子。

懵懵懂懂的哺乳初期

剛剖腹的我，乳房中根本沒有奶水。聽丈夫說，泌乳顧問晚一點會來教我如何哺乳，但是不確定什麼時候來。「在那之前，我們就先給他喝配方奶好了，護士早上也是給他喝這個。」「配方奶？可是我想給他餵全母乳啊，喝了配方奶不是就不想喝母乳了？」「但是妳昨天晚上在加護病房不能餵奶……」

雖然心裡不太舒坦，我還是接過了丈夫遞來的配方奶。「這怎麼是冷的？是不是要熱一下？哪裡可以熱？」「不用，護士說直接喝，室溫就好。」「室溫？現在是十二月啊！屋子裡也沒多暖！你確定新生兒可以喝這種東西嗎？」

抱著一肚子的疑惑和不滿，我終於等到了泌乳顧問，迫不及待詢問她關於哺乳的種種。得到的答案是：是的，配方奶不用加熱，直接打開包裝就可飲用。孩子要三小時餵一次，如果母乳不夠，就要喝配方奶，因為妳總不能讓小孩餓著吧？如果他餓，就會沒力氣哭，之後會越來越餓，就更沒力氣哭……

雖然不太同意這樣的說法，但是新手媽媽也沒有其他人可以詢問、倚靠（我爸媽正在坐飛機來波蘭的途中），只好暫時接受了這樣的安排。三天後出院，附近診所的助產士來家裡教導我們新生兒照顧的大小事（波蘭健保制度中有助產士居家照顧，去申請就有，在孩子出生後兩個月內，父母可以請助產士來家裡四次）。助產士人很不錯，也很專業，但是在哺乳方面，也是抱著「母乳不夠就要餵配方奶啊，不然體重怎麼增加」的觀念，甚至還拿出一個秤，告訴我們：「你們可以量量他一餐吃了多少母乳，不用每餐量啦，偶爾量就好……」

用肚臍想也知道，雖然助產士是一片好意，緊張兮兮的新手父母當然是每餐量、每餐崩潰、每餐口角不斷……活在高壓和睡眠不足中的媽媽（我們超白癡的，每天半夜設鬧鐘，把一出生就睡過夜的兒子狠心挖起來每三個小時餵一次，因為擔心他真的會餓到「沒力氣哭」！），奶水依然不足，於是更加依賴配方奶，乳房缺乏刺激，製造的奶水就更少，如此無限惡性循環……一直要到兒子四五個月大，開始吃食物泥，我們才脫離了配方奶。幸好到了那個時候，我也不再在意別人說多久要餵一次、要怎麼餵、一餐要吃多少ＣＣ、

孩子的體重要在什麼時候達到多少……這些事了，而是隨心所欲地照自己的需要和孩子的需要餵奶。

正視哺乳的政治性

和妳寫這些不是想抱怨，只是想說：在波蘭當母乳媽媽，也不是那麼簡單的啊。波蘭這幾年雖然大力推廣母乳，但是仍有許多舊有的觀念和習慣要破除，也會遇到很多挑戰，妳提到的在公共場合哺乳的問題也是其中之一。我很幸運，我在火車、公園、餐廳、飛機上餵奶，從來沒有人對我說過什麼。但是一個波蘭朋友告訴我，她的朋友在大賣場餵奶，保全竟然走過來叫她移駕去廁所。

「年幼時曾那麼渴求母乳慰藉的人們，為何在許多年後會對哺乳行為感到害羞或不悅呢？」妳問的問題我也百思不解。我們在全世界的公共場合和新聞媒體裡看到這麼多暴露的穿著、物化女性身體的廣告，照理說，我們對於看見乳房應該很司空見慣了才對。但是，許多爭議的事件（比如解放乳頭運動）告訴我們，事情並不是那麼單純。也許，街頭女孩或藝人的乳房可以露出，是因為它們可以被動地讓男性觀看，滿足欲望。而解放乳頭運動中的女人，以及哺乳媽媽的乳房是主動的、具有功能性的（前者是一種宣言，後者是讓小孩得到食物），隱約象徵著女權的伸張和女性身體的自主，所以會引起父權社會的不安和焦慮？

小孩子吃奶、媽媽餵奶給小孩吃，本來是一件天經地義的事，不必被當成洪水猛獸或敗壞風俗的事情來看待。然而，在保守的社會，所有的事都有政治性，包括哺乳。在這裡我並不想說：「讓哺乳去政治化。」反而，我們應該正視哺乳的政治性，把它當成一種權益來爭取。

幾年前，波蘭一個推廣母乳的基金會 Mleko Mamy（這名字一語雙關，同時有「我們有母乳」及「媽媽的乳汁」的意思）辦了一個攝影徵稿的活動，打算在華沙地鐵展出母親哺乳的照片。展覽開幕前一周，地鐵通知主辦單位要撤展，因為不想傷害宗教情感（波蘭是個頗為保守的天主教國家）。這件事在當時引起廣泛討論，媽媽成群帶著小孩到地鐵哺乳，以示抗議，後來，這個展覽轉到華沙人學圖書館展出。

我看過那些華沙地鐵不願展覽的照片，每張都很美、很自然，照片裡的媽媽和寶寶都看起來好幸福，我也相信他們真的很幸福。希望，有一天這樣的幸福可以公開攤在陽光下，不需要受到任何人的質疑和指責，不管是在世界的哪一個角落。

蔚昀

全世界的人都可以管你怎麼餵母乳

記得兒子一歲五個月大時學會說「好吃」，後來在餵奶時刻，我總愛問他：「好不好吃？」嘴裡還含著乳頭的他會帶著笑意點點頭，有時也甜蜜回：「好吃！」再緊緊含住，這對母乳媽媽來說，真是有百分百的激勵作用！

一直到兒子兩歲，我們才協議停止母乳，但接下來的一年，每天早上第一件事還是喝一下ㄋㄟㄋㄟ，對他和對我來說，這是開始美好一天的前奏。

台灣是一個連路人都可以勸告媽媽如何餵母乳、何時要斷奶的奇怪社會。寶寶出生後，先是勸告媽媽「搭配配方奶，孩子才能吃飽」；六個月後，又說「母乳營養不足，喝配方奶才能頭好壯壯」；孩子一歲後，變成「再喝下去對媽媽身體不好」。

回頭想想，從寶寶出生那刻起，媽媽就面臨各種阻止自己順利分泌乳汁的怪事。例如，母嬰不同室好讓產婦休息，定時哺乳訓練嬰兒作息，要求擠出母乳改成瓶餵以記錄嬰兒食量。但我們都知道，嬰兒的哭聲、把嬰兒擁在懷裡的肌膚接觸、讓嬰兒時常吸吮乳頭，都有助於刺激母體生產乳汁，拿掉了這些生產動能，卻要媽媽吃湯湯水水以分泌乳汁，是否本末倒置？

剛出生的寶寶，胃只有一個指節那麼大，一週後也只有一個乒乓球大小，喝不了多少母乳。可是正在學習吸吮的寶寶，可能會因為吸不到奶而焦躁大哭，這段時間真的很折磨媽媽。我發現身邊朋友分成兩派，一派是拚命擠乳，成功提高奶量，擠出的奶水塞滿冷凍庫；另一派是寶寶對母乳的需求減少，母乳自然減產，漸漸地，媽媽雖然因為「母乳搭配配方奶」或「全配方奶」而鬆一口氣，但不免對寶寶感到虧欠。我懷疑這根本是醫院、月子中心與奶粉商說好的陰謀：「我們有推母乳喔，只是推的方式不走友善母乳媽媽那一套。」

配方奶並非罪大惡極，它確實幫助很多媽媽，無論是全母乳、瓶餵、使用配方奶，都是出自媽媽的真心關懷與無須質疑的愛。只是我還是希望台灣有真正友善的母乳推廣措施，與其強調親餵和母乳最好，更該檢討當前產前教育缺乏正確的母乳知識，讓女性能及早做好準備，產後家人也能給予正確的幫助與支持，使用配方奶與否，該交由女性的自主意識，而非讓媽媽有罪惡感在先，自責餵不飽孩子。

對了，下次探望產婦時，請記得算好時間或聽懂暗示迴避，當產婦說要餵奶時，別傻傻待在原地不動，餵奶不是一種表演喔……（淑婷）

KRAKÓW

親子與公共空間的衝突與挑戰

對小孩友善的空間

帶小孩出門，我緊張公車在公車站停靠的時間不長，緊張上了車沒有位子坐，或沒有放娃娃車的空間。緊張車開太快，緊張孩子會不會太吵、打擾到別人，緊張公共場所是否方便孩子解決生理需求……

淑婷：

我們先前聊到媽媽在公共場合餵母乳遇到的種種困難（以及有色眼光），我於是想到：我們的孩子，在公共場所擁有舒服的環境嗎？他們在公共空間裡是怎麼被人看待的呢？

我不知道妳的經驗如何？我在台灣帶小孩出門的時候，大部分的時間是緊張的。緊張公車在公車站停靠的時間不長，緊張上了車沒有位子坐，或沒有放娃娃車的空間。緊張車

開太快，不知道下車的時候司機會不會等我們，讓我們慢慢下車（有幾次遇到好心司機，讓我很感動）。緊張我們會不會遭受到別人的拒絕或白眼，緊張他會不會在餐廳、咖啡廳、高鐵上太吵、打擾到別人，緊張我能不能把他管好，緊張公共場所有沒有他可以解決生理需求（想喝奶或想睡、大小便）的地方……

有時候我會憤怒，當餐廳老闆對我說：「我們空間很小，請妳不要帶孩子進來。」而當我解釋，他不會亂跑，他只是走去飲料櫃選他想喝的飲料，等下會乖乖坐好，老闆卻不想聽我說話。我憤怒，當我的小孩坐高鐵時，因為興奮而說話比較大聲，前面的人則頻頻回頭看我，以目光給我壓力。**我憤怒而且無力，因為我和我的孩子被別人當成麻煩**（雖然我已經很努力不要成為別人的麻煩了），而他們避免麻煩的方式，是拒絕和我們接觸（比如請我們離開，或是施加壓力，希望我們自行消音或消失）。

接納小孩的公共生活

印象中在波蘭，我帶小孩出門也會緊張，偶爾也會憤怒，但程度比在台灣輕微。這並不是說波蘭環境就一定比台灣好，這裡也有很多機車的事，比如說擁擠的公車、非低底盤的電車（扛娃娃車上下車很累）、沒有人行道的馬路、老舊沒有電梯的樓房（或是有電梯，但是很窄很小，或是從二樓才開始！）、沒有餵奶空間和兒童廁所的餐廳及咖啡廳、不知道讓座為何物的乘客……

波蘭不是完美的，然而我在這裡真的感覺比較輕鬆。波蘭的生活步調比台灣慢、空間沒有那麼擁擠是一個原因，許多硬體設施越來越友善是另一個。還有一個原因，我想是最重要的：我遇到的大部分波蘭人都把小孩（包括他們的尖叫、大笑、哭泣、吵鬧）當成公眾日常生活的一部份，也樂意與小孩接觸、互動，以平常心面對他們可能帶來的愉悅或不便。

可能是幸運吧？我在波蘭幾乎沒有遇過因為兒子哭鬧，而被旁人指責、白眼的情況。反而是當我面對哭鬧的兒子手足無措，好幾次都是陌生人出手救了我。一次是我和兒子坐計程車，他很想睡所以一直哭，司機就拿出一個猴子布偶給他玩，讓他安靜下來。另一次是我帶兒子去看醫生，他卻不肯把嘴巴張開，正當我打算抓住他強迫他張嘴時，醫生說：「好，那我不用壓舌片，壓舌片給你玩，你自己把嘴巴打開好嗎？」令我驚訝的是，他真的打開了。還有一次，我們夫妻帶兒子坐公車，兒子鬧情緒大哭，旁邊比他大幾歲的小孩就來和他說話，逗他開心……

我很珍惜這些陌生人的善意，以及他們和我兒子的互動。這讓兒子和我看到，我們不是與世隔絕的，而是社會的一部分。作為一個媽媽，我不必單打獨鬥，而是可以依靠、信任別人的幫助，一起把孩子帶好。

我和我兒子的教母K討論過這個問題，她說的一段話我覺得很有道理：「小孩在不同的地方，會有不同的表現和行為舉止。如果他只待在家裡，不去公共場所，他怎麼知道要如何在公共場所和其他人互動？就是因為不知道，所以才更要多接觸、多學習。一切都是要學習的啊，這是真實人生，又不是童話故事。」

對小孩友善包容的空間，也就是對人友善包容的空間

是的，一切都是需要學習的。和另一個波蘭媽媽朋友M聊天，我發現波蘭也不是從開國第一天起，就是一個對小孩友善的國家。M說，在波蘭還是共產黨執政的時期，人們覺得小孩在公共場所「應該要很乖、很安靜，最好在睡覺。」對媽媽的要求則是：「妳自己生的妳就要會自己教啊。」面對哭哭啼啼的小孩，有時候人們甚至會冷嘲熱諷：「哎喲，你怎麼哭這麼大聲啊。」或「這麼大了還哭。」

是什麼促成了改變？原因應該很多，我想，喚起大眾對兒童權的意識、對更好環境的渴望，是一個重要的推手。克拉科夫有一個「友善小孩的空間」（Miejsce Przyjazne Maluchom）計畫，是由民間機構、當地媒體和政府機構共同促成，從二〇〇六年就開始舉辦。每年主辦單位都會發起徵件，邀請大家推薦對小孩友善的圖書館、博物館、咖啡廳、

餐廳、電影院、政府機關……然後從中選出最好的地方，頒發證書，並且在網站上宣傳。曾經得到證書的地方，每年也會重新審核，通過的話就頒發新的證書。

主辦者說，當他們剛開始這個計畫時，克拉科夫就像一片兒童空間的沙漠，他們需要花很大力氣說服別人，有家長出現的地方，也要有給小孩的空間。而現在，這個計畫不僅在克拉科夫辦得有聲有色，還擴張到整個小波蘭省（克拉科夫是小波蘭省的首府），今年，他們則把重點放在「友善身障兒童的空間」上。

這或許是我們可以嘗試的路？我相信在台灣也有很多空間對小孩是友善的，也有很多人希望小孩和大人都能在公共場所裡快快樂樂、各取所需。我們所能做的，是讓更多人知道這些地方，給予他們支持，並且告訴大家：友善的空間是可能的，而且這樣的地方越多，對小孩和大人越好。

我想妳會同意我：對小孩友善包容的空間，其實也就是對人友善包容的空間。至於友善和包容是什麼，還有如何在友善包容以及尊重每個人的界線之間取得平衡，這大概要另外寫一封信來討論了。

蔚昀

PS

「對小孩友善的空間」計畫的網站，請參考：http://www.miejsceprzyjaznemaluchom.com.pl/

親子與公共空間的衝突與挑戰

隱藏孩子的存在？

哪位母親不願意孩子總是笑臉盈盈？不希望孩子一抱就止哭？只要能讓孩子安靜，我好幾次在笨拙的遮掩下當眾哺乳呢！但就在我們盡力同理眾人的感受時，有多少人同理我們？

蔚昀：

自從兒子滿三個月後，常常被我們帶著到處去。起初是揹在身上，後來偶爾能下地爬行；等到他蹣跚學步，有了自主意識，若是我們指示的方向或是停留時間不合他心意時，兒子三秒鐘就會癱軟倒地嚎啕大哭，弄得我們尷尬又好笑，也讓我開始思考，究竟我們的孩子能不能自在、舒適的待在公共場所？

孩子破壞了成人世界的整潔秩序？

我身邊的友人帶著孩子在外活動時碰過一些不愉快的經驗。案例一是共學團媽媽Y揹著一歲女兒、抱著熟睡的三歲兒子上國道客運，坐了兩個座位（照客運規定，成人只需要一張車票即可帶兩名幼兒上車且都有座位），但司機算錯人頭，導致最後一位上車的乘客刷了車票卡，卻沒有位置可以坐。眾人開始發難，要Y不要取巧佔位置，不要貪圖方便給孩子錯誤身教，儘管她說出了客運規定，司機卻無動於衷，漠視眾人對她的言語羞辱，最後她含淚與兩名孩子擠在一個座位上。

案例二，友人B揹著一歲小兒子、牽著四歲大兒子上捷運，坐位全滿，幾名乘客站立，沒人讓座，大兒子腿酸坐在車廂中央的欄杆旁，B叮囑若有人要上下車必須起身移動。車廂內一位婦人拿出iPad拍照，B質疑她並立刻拿出手機反拍，最後連同捷運警察在內，共有五名員警前來處理。那位婦人堅持B必須為了孩子席地而坐道歉，員警勸B道歉息事寧人，並開出一張「躺臥在地，屢勸不聽」的勸導單，儘管沒有任何人躺臥或是被勸導，婦人離去前，忿忿的說：「我不會讓自己的小孩那麼沒規矩。」

最後，是我的親身經歷，我帶著兒子和友人C到公園散步，C去上洗手間時，我同時看顧兒子和她的一歲女兒，此時一位老婆婆帶著兩隻未繫牽繩的黃金獵犬經過，那兩隻大狗比孩子們還高大，遠遠跑過來的模樣，讓C的女兒嚇得大哭，老婆婆走近，立刻責怪我：

「你一個人怎麼可以帶兩個小孩出門！」

這三件事無論是哪一起，都讓我很不舒服。我驚訝於社會的涼薄與無禮，原來這世界上有一群人（我不知道是多是寡），極力去阻止兒童這類未被馴服的野生動物，破壞成人世界的整齊秩序。在我們的孩子們長大，扛起那照顧這個國家的沉重負擔之前，孩子們最好假裝不存在，別在公共空間顯露出無法控制音量、無法把屁股黏在椅子上、無法控制排泄時間等幼兒天性。

帶著兒子搭乘公車或捷運時，我總是很緊繃，擔心他下一刻會突然大聲哭鬧，有那麼幾次我真的匆忙下車安撫，深怕影響到其他乘客，同時懺悔著，以前我可會翻著白眼暗想「趕快讓你的孩子安靜下來！」但親身養育孩子後，我才知道，哪位母親不願意孩子總是笑臉盈盈？不希望孩子一抱就止哭？只要能讓孩子安靜，我好幾次在笨拙的遮掩下當眾哺乳呢！

但就在我們盡力同理眾人的感受時，有多少人同理我們？

我們只是想要多一點體諒與理解

另一個問題是，到底帶著孩子的爸媽被冷眼以對，是真的妨礙到他人，還是「看起來

比較好欺負」？上個月我搭乘高鐵時，車廂傳出孩子嚎啕大哭的聲音和媽媽安撫聲，鄰座中年男子毫不客氣，馬上回頭發出一聲：「嘖！」，但他後座的上班族大叔一路上都忙著打電話聊天呢！

你曾經問過我：「為什麼媽媽要表現出努力解決的誠意，小孩的哭聲才可以被人接受、被人理解、被人包容？」設法找出孩子哭鬧原因、給予安撫，媽媽已經夠心煩了，還要承受外在壓力，深怕自己成為「教育失敗的恐龍家長」，只能說，在台灣當媽媽真的好累。

有一篇在臉書流傳的網路文章這樣寫著：「媽媽不怕半夜起來八百次擠奶餵奶，媽媽不怕身上背一個十幾公斤的孩子買菜煮飯，媽媽不怕孩子發脾氣生病，媽媽不怕吃飯永遠在趕時間，媽媽不怕沒有朋友沒有自己的生活，媽媽不怕變醜變肥變黃臉婆……但是媽媽怕不理解、不體諒、不設身處地冷眼旁觀。」

這篇文章轉貼率超高，但轉貼著都是生兒育女的朋友，對於未成家、未生子的人來說，生養孩子是絕對個人的事，別干擾到其他人好嗎？但很抱歉，沒有生養子女的人，搭飛機、火車、高鐵、客運、公車、捷運時，絕對有很高的機率遇到帶著嬰幼兒的母親，請不要皺眉，不要聽到哭聲、尖叫、笑聲就翻白眼，不要用足夠大的聲量批評在餐廳裡大聲說話或突然哭泣的孩子，不要只考慮著如何維護成人世界的秩序。

如果我們有親子車廂……

既然選擇搭乘大眾運輸，自然會遇到各式各樣的人，車廂不可能是絕對安靜的場所，也不該刻意吵鬧，我們可以設法在其中找到平衡，例如「親子車廂」的設立。日本、德國、芬蘭的部分火車就設有親子車廂或兒童車廂，提供孩童搭火車時安全的遊戲空間，日前台鐵開始研議，在速度不快、人數少的支線或許可作規劃。但我實在等不及了，真希望就從捷運開始，畢竟連腳踏車都有專屬的車廂了！孩子們為何沒有？只要在地上鋪上好清潔的軟墊，擺放一些積木玩具，座椅降低、手扶橫桿增加、加強隔音設備，不太過吵鬧的音樂（很多親子餐廳的音樂吵得嚇人），就會是舒適、讓親子自在的環境，漸漸的，終有一天親子車廂的存在會如同博愛座一般自然、廣為大眾接受。

那美夢成真前，我還是先在公車與捷運上為兒子說故事、唱歌吧！儘管被身邊沒孩子的朋友取笑，被陌生人側目，但只要能安撫兒子，被當傻子又如何。當了媽媽後，沒什麼臉丟不起的……因為我是媽媽啊！

淑婷

PS 幾年前民間曾發起「我們想要友善兒童的大眾運輸空間」連署，要求在月台設立兒童遊戲區、降低購票機器高度、增設兒童廁所，雖然沒有連署成功，但內容很有意思，可參考以下網址：http://campaign.tw-npo.org/sign.php?id=201207420544100

西方小孩比較安靜？

在沒有出國，沒有在波蘭生養小孩之前，我像許多人一樣，以為小孩哭鬧一定是因為父母不會教。我也曾經認為，西方的小孩比較有教養、比較安靜，而且這一定是他們的父母特別會和小孩溝通講道理。

在波蘭當上媽媽後，我第一個震驚是：小孩哭鬧原來和父母會不會教無關！他們會哭鬧，就像是日出日落一樣正常！第二個震驚是：原來波蘭小孩也會在交通工具、賣場、馬路上嘶喊、尖叫、哭泣、大笑，並沒有「西方」小孩比較安靜這回事！

我本來還覺得，只看波蘭也許參考點不足。後來我在《衛報》上讀到英國作家Stuart Heritage 的專欄，描述他那幾個月大的兒子在坐火車的時候哇哇大哭，旁邊的人開始翻白眼、發出嘖嘖聲和嘆息，讓他感受到極大的壓力，就知道我不孤單。

既然西方小孩也像天下所有小孩一樣會吵，爸爸媽媽也會因此焦慮、緊張、胃痛，那他們怎麼面對這個問題呢？他們會像網路文章上所說的，在飛機上發「請包容我們的孩子發出聲音」的小卡片給鄰座的乘客嗎？還是把小孩發出聲音當成一件稀鬆平常的事，在能力範圍之內安撫小孩，如果小孩還是吵到別人，那也 let it be？沒有小孩的人又是怎麼看待這件事的呢？

根據我自己的經驗和觀察，波蘭人好像不太在意小孩吵。當然，在需要安靜的場合，他們會和小孩說「噓，現在不要講話」或者「小聲一點」，但是大多數人語氣基本上是有耐心的「我知道你會吵，所以我再提醒你一次」，比較少看到不耐煩的人（雖然也遇過這樣的人啦……）。每次我看到波蘭媽媽有點無力，卻又溫柔堅定地和孩子說話，我都很佩服，然後覺得自己常對孩子大呼小叫很丟臉。

波蘭人對小孩比較包容，這應該和他們整個文化和社會環境有關。波蘭社會是個蠻隨興的社會，很放鬆，也不是那麼在乎公共場合一定要安靜。不會有人去對別人說：「你的小孩很吵，請你做些什麼。」（如果有人真的這麼做，可能會被回嗆：「你算哪根蔥啊，管好你自己的事就好。」）相反地，他們多半樂意與小孩說話，用說話轉移小孩的注意力，讓他們不再哭鬧。

我自己還蠻喜歡陌生人用這種方式和我們互動，雖然也不是每一次的互動都很愉快。有些人也不喜歡自己帶小孩的時候，旁人還要在旁邊說東道西，我就在網路上看過一個波蘭爸爸 Igor Nazaruk 抱怨，別人自以為是的「關心」（「他一直哭，一定是渴了想喝水。」「這小孩的媽在哪啊？」「他是不是需要幫助？」）反而會讓他更焦慮、更手忙腳亂。

我想，要讓小孩在公共空間裡過得舒適、被人看見及接受，硬體上的親子空間很重要，但是能讓爸媽和小孩都能放鬆自在的氣氛，也很重要。要改變社會大眾對小孩的刻板期待及要求可能很難，而且要花很長的時間，在此之前，父母可以學習不那麼在意別人的眼光。

至少，我們現在知道外國的月亮沒有比較圓、西方的小孩沒有比較不吵，這就是很大的安慰了。（蔚昀）

我不愛我的鄰居

帶著孩子點頭微笑打招呼，卻無意間鼓勵鄰居捉弄、嚇唬小孩的行徑，即便不理會快步離開，也無法有效阻止。……或許，不久我真的會成為鄰居口中「不知好歹」的晚輩，但我無所謂，我不要兒子長大後只記得：媽媽當時不幫我。

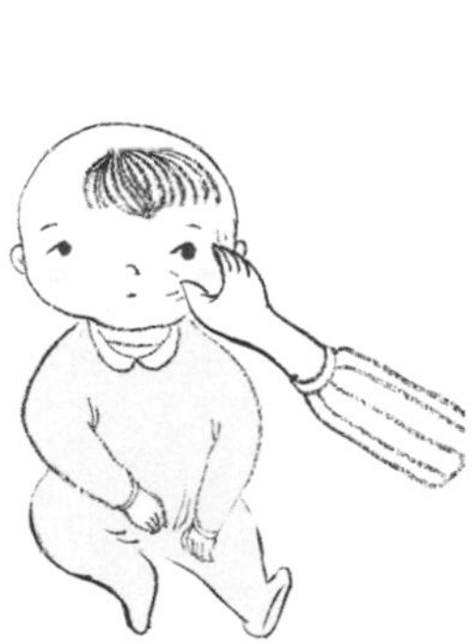

蔚昀：

這兩年兒子出生後，鄰居阿桑太過熱情的「幫忙」或「逗弄」，帶給我們很大的困擾。每當看到巷口有阿桑們聊天時，我們就會考慮晚點出門，或是在外頭多繞一圈。

遇過最悽慘的一次衝突是，午後我們用餐結束返家，兒子因為討不到新玩具，又十分睏倦，在我們的懷裡嚎啕大哭，偏偏巷口有三位阿桑正熱絡聊天，一聽到哭聲，立刻對著我們大聲砲轟：「哭什麼哭！哪來這麼愛哭的小孩！」「愛玩啦，不肯回家！」

我們選擇快步經過，不微笑也不理會，其中一位阿桑竟然跟著我們走，直到我們上樓，都還可以聽到她站在樓梯鐵門外頭喊：「哭什麼哭！哭什麼哭！」嚇得澄澄立刻狂喊：「回家！回家！」

我不知道阿桑是什麼心態，關心晚輩育兒無方？以長者身分威脅小孩聽話，或者只是想逗逗小孩，但我們一家三口覺得一點也不好笑。我很生氣，非常生氣，目前居住的房子是向爸媽買的老房子，我和這些阿桑的兒女一起長大，或許是如此，阿桑更理直氣壯的覺得可以「幫忙教訓我的小孩」。

爸媽很擔心我們總有一天會破壞他花費多年建立的鄰居情誼，時常打電話交代，老鄰居肯跟孩子玩是代表疼愛、給孩子面子。這種不明究理的偏袒，讓我火氣更大，在我和哥哥未上小學前，也常被一個終日喝醉酒的鄰居帶到他家樓梯間，他會放出狗阻攔我們下樓離開，把我們嚇個半死，當時怎麼和爸媽求助都沒有用，一直到高中偶爾晚歸在巷子裡相遇，我還是會快步跑過，不敢看他一眼，心裡非常害怕，更痛恨爸媽口中那句：「因為是鄰居，不要搞壞關係。」現在想來，沒有出任何事真是萬幸！

捍衛對孩子的尊重

為了不讓我童年惡夢重演，我和老公反覆討論該怎麼辦才好。看來點頭微笑打招呼，成了鼓勵鄰居繼續捉弄、嚇唬小孩，即便不理會快步離開，也無法有效阻止。難道真要開口制止，才能讓兒子不再被嚇哭？

朋友聽聞後一直說這真不像我平日的作風，這事若是發生在職場，過去的我絕對會和這些人當面立刻談清楚。我承認自己被「老鄰居」這一點綁住了，沒想到這才是最讓我無力的傳統社會道德束縛。

劉德華在《無間道》裡說：「我想當好人。」沒想到當了媽媽後，我反倒想說：「我想當個壞人。」我希望面對連珠砲的攻擊時，我不只是抱著孩子逃走，還能有勇氣直接阻止那些無禮的行為。

當我在臉書上寫出這些關於鄰居的煩惱時，意外得到廣大的迴響！原來有那麼多的年輕爸媽，都飽受鄰人、長輩的熱情騷擾。一位朋友告訴我，有個長輩每次都要捏她孩子的臉，她起初還能笑臉勸阻，後來乾脆抱開孩子，板起臉嚴正警告，「長輩先是愣住，然後又笑說沒關係，伸手又要捏，我直接請她不要再這樣了，她若想靠近，我就把孩子抱走，之後她就不再直接動手了。」

朋友堅定的說：「對付這些厚臉皮的人，就是要比他們更不要臉，當你不要臉時，他們就會顧及自己的面子了。」

另一位朋友的方式也差不多，遇到愛捏孩子臉頰的鄰居時，她發現即使用身體阻擋，對方還是繼續追上前，幾次後終於變臉大聲警告：「他是小孩不是玩具」、「你捏他、我捏你」、「不要亂摸！」總算阻止了這樣的行為。對方曾嘲諷說：「妳的小孩這麼寶貴？」我朋友毫不遲疑回：「對！」真是帥呆了！

沒錯，一個會當著其爸媽的面對著孩子（一個獨立個體）追著亂摸或猛罵的人，沒資格談尊重。

告別貶抑孩子的父母輩

其實最讓我傷心的是，無論是年幼時被困在鄰居樓梯間的我、現在成為母親的我，始終總是得不到爸媽的支持與保護。我爸媽總是愛說，過去這些鄰居如何彼此關照，他們養兒育女經驗多於我，不會出錯的。他們擔心兒女惹惱鄰居時，卻無法同時理解兒女的遭遇與煩惱，就連平時捧在手中的金孫被惹哭了，也先顧慮到鄰居的面子。

這是許多標準台灣家庭孩子的成長陰影，爸媽喜歡貶低伴侶與兒女來展現謙虛與禮貌，話題從體型外貌、事業成就到學業成績不一而足；「我家小孩就是那麼笨」、「我老公賺那一點錢」，反正先嘲笑或責罵自家人，這樣的貶低戲碼絕對不會出錯。即便那些話語讓自己感到不舒服，你也只能自嘲配合，「對啊，我兒子真的很愛哭，他只會哭什麼都不會！」如果顯得在意，自己就成了沒風度、沒禮貌、搞壞氣氛的人。

就像上一代對我們的關愛常常以責罵、批評表現出來，我想鄰居也是覺得孩子可愛，才想逗弄他，**明明是一片善意，為什麼只能用惡意的方式來包裝？**

要終止這樣的語言暴力與不尊重，無論對方是誰，是親戚、師長、鄰人、朋友，我們都要學習在第一時間堅定又溫和的告訴對方，「我不喜歡，我覺得不舒服，請不要這麼做（說）了。」

幾個朋友的建議都婉轉卻富有智慧，例如故意當面向孩子說：「阿桑講話大聲嚇到寶寶，現在想趕快回家對不對？我們趕快說再見回家。」或是搬出古老習俗：「不要這樣嚇小孩，搞得小孩受驚大哭、晚上做惡夢，睡不好，會長不大的。」也可以在家多和孩子演練幾次，遇到不喜歡的碰觸或言語逗弄時，告訴對方：「我不喜歡」、「不要摸我」。

總之，我不要再抱著孩子倉皇落跑，下次一定好好面對。或許，不久我真的會成為鄰居口中「不知好歹」的晚輩，但我無所謂，我不要兒子長大後只記得：媽媽當時不幫我。

我要跟那個在樓梯間哭泣的自己告別。

淑婷

KRAKÓW

兒童不是公物

愛你的鄰人？

我在意別人的看法，希望別人認為我是好母親（奇怪，我為什麼連陌生人的看法都要在意？這表示我活得很有壓力？）但是，這樣反而讓我在我自己孩子的面前，成為一個無能的母親……

淑婷：

看到妳描述家附近的老鄰居因為你的小孩大哭，開口嚇唬你的小孩或是威脅他，讓孩子非常害怕，我覺得好難過。

為什麼，大人會欺負比他們小那麼多的孩子，還覺得這樣沒關係呢？甚至覺得「孩子就是要這樣教」，或是「只是開開玩笑，幹嘛這麼認真」？

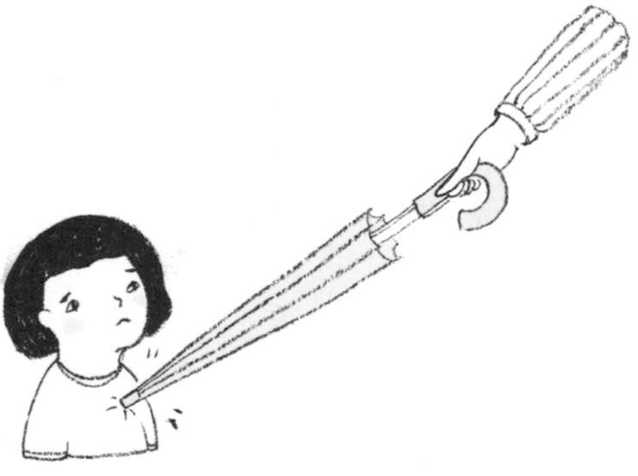

對孩子的不尊重就是欺負弱小

我台北娘家的鄰居不曾有這類舉動，但是在台灣的時候，我經常會遇到一些莫名其妙的路人、陌生人、朋友、朋友的朋友，他們對我小孩的一些言行舉止都讓我覺得很不可思議，不知道要如何面對。

比如，有一次在一家早餐店吃早餐，一個不認識的阿姨看到我們的小孩很可愛，想要捏他的臉，我已經跟她說：「請不要碰他」了，但是可能因為我聲音太小、太客氣，在我們走過去的時候，阿姨的手還是捏了下來。

又比如，在甜不辣店吃東西，同桌的客人看我兒子可愛，於是和他講話：「你會不會說中文？啊我們認識也算有緣，我請你吃東西好不好？來，隨便你要吃什麼，我請你。」一後來看我們沒有回應，她就把東西吃一吃，要走的時候又對兒子說：「你跟我回家好不好？」

再比如，去朋友的書店玩，老闆的朋友來找他們，看到我們的小孩可愛，於是想要和他拍照。孩子已經轉身跑開，明顯表示出不想被拍的念頭了，對方還是舉起相機試圖拍照，直到我說出：「請不要拍他」的時候才放下相機。

以上提到的任何一種行為——在小孩沒有同意下碰小孩的身體、用言語調戲小孩、在小孩沒有同意下拍小孩的照片——如果是一個大人對另一個大人做，一定會被當成不尊重。如果是一個男人對女人做，肯定會被當成性騷擾。

我相信不管是妳是我，或是我們身邊的親人朋友，沒有人會想要這麼被對待。一般心智正常、沒有行為偏差的人，也不會去這麼對待另一個大人。

可是，為什麼人們會如此對待小孩？為什麼對大人不可以做的事，對小孩做就可以？難道說，大欺小、強欺弱真的是生物本能？因為大人知道小孩子沒有能力抵抗，所以就覺得可以對他們為所欲為？

不同文化的經驗

每次看到我兒子面臨這些來自四面八方的挑戰（挑釁？），我就會想：「當小孩真辛苦。」是啊，我真心覺得當小孩是很辛苦的，因為要在被忽視、被矮化、被排斥、不被尊重的情況下，努力進入大人的社會，努力用他們的語言及規則和他們溝通。有時候，還會因為不理解或誤會了大人的語言、或是沒有遵守規則（或一些約定俗成），而被大人指責、嘲笑。

可是，那些所謂規則或約定俗成，真的是有道理的嗎？人們不想看到小孩吵或哭，要求小孩看到人要叫、要笑，覺得他們可以逗弄小孩、碰觸小孩的身體、給小孩拍照，這是在幫助小孩「社會化」，還是把小孩當成必須討好別人的玩物？

有時候我會想，是不是我們的文化特別不重視小孩的感覺，以及私人的空間？印象中在波蘭，我不太會遇到陌生大人以這種方式來和我們的兒子互動。他們會對他笑、會和他說話，偶爾會遇到老一輩的想要管教小孩（比如會說：「不可以因為吃不到巧克力餅乾就要脅父母喔，要乖父母才會給你吃餅乾。」或是抱怨一句：「啊，怎麼在哭啊，好難看。」），但是他們不會碰觸他的身體（只有一次我們去幫小孩辦護照時，一個辦事員摸了他的頭，我先生後來說，這是很不尋常的），也不會給他拍照（有碰過一次例外，在電車中有人拍我兒子，後來被我制止）。至於鄰居和朋友和小孩的互動，也是在親密感中保持著一定距離的尊重。

我曾經和我先生討論過這件事。我說，台灣人會去碰別人的小孩、逗別人的小孩，是因為人際網絡密切，人與人之間的距離較近，很多人會覺得別人的小孩某種程度上也是他的，所以可以摸、可以逗。先生卻有不同的看法：他覺得台灣人看到小孩會想要摸、想要逗，是因為台灣人潛意識中覺得美是屬於公眾的，摸了可以沾福氣。而歐洲人潛意識中會害怕毀滅的力量（大家都記得壞巫婆的故事），所以會對美的事物保持距離，遠遠欣賞就好。

對於先生的說法我半信半疑，但是不管怎樣，我不喜歡別人捏我、拍我的小孩，小孩也不習慣別人捏他、拍他（可能我們都習慣了歐洲的距離感了）。有時候他會轉身跑開，有時候則會表現出不情願、不開心的樣子。

愛自己勝於在意別人

我知道因為兒子還小，和別人交涉的經驗不足，需要我站出來保護他，明確地告訴對方：「請不要這麼做，你這樣會讓他不舒服。」但是我必須慚愧地說：很多時候，我都沒有做好。因為我自己會害怕這些人、害怕得罪他們、害怕傷感情（特別是面對熟人和朋友）、害怕別人笑我：「哎呀！妳對妳的孩子保護過度了！」「開開玩笑嘛！這麼緊張做什麼！」「妳這樣他會變成媽寶喔！」

我在意別人的看法，希望別人認為我是好母親（奇怪，我為什麼連陌生人的看法都要在意？這表示我活得很有壓力？），但是，**這樣反而讓我在我自己孩子的面前，成為一個無能的母親。**

聖經裡面有一句話：「愛你的鄰人如同自己。」我想，我也許是太努力地去愛鄰人了，反而忘了保護自己，以及自己的孩子（畢竟，鄰人不一定會愛我如己啊）。或許比起這句話，我更需要的是：「愛你自己如同愛你的鄰人。」

蔚昀

一定要把孩子逗弄到哭嗎？

兒子很喜歡火車，有時我們會買了便當或是壽司，到車站月台座位上野餐看火車來來去去。板橋車站有位長得像歐巴馬的月台人員很熱情，兒子很喜歡看他搖動手電筒、吹哨子，指示火車進出站。

昨天我們又到車站報到，兒子很興奮一直指著火車啊、看板啊吱吱雜雜說個不停，旁邊等車的旅客們也面帶微笑，月台瀰漫著一股溫馨的氛圍。

沒想到突然來了一位大叔，一屁股就坐在我們旁邊，很大聲（友善但像喝醉）說：「哇！全部你最吵，要叫警察來抓你喔！」大家愣了一下，兒子馬上變臉大哭。我趕快抱起他，「你嚇一跳嗎？你沒有很大聲，也沒有人要來抓你，不用怕。」

我忍不住對大叔說：「孩子被嚇到了，不要這樣。」大叔有點尷尬，但還一直說：「怎麼這麼沒膽，一下就哭了……」我轉頭再瞪他一眼，他又嘟噥幾句，「啊，歹勢啦，沒想到你的小孩這麼愛哭，你自己帶小孩很辛苦吧……」簡直一次把地雷踩盡，如果不是自己遇到這些對話，我還以為是虛構場景。

總是有長輩跟我們叮嚀，別人想跟孩子玩是好意，要感謝人家疼愛孩子，但面對這種作弄與威脅，我是怎樣都感恩不起來。或許大家是真的覺得孩子可愛，很想和孩子玩，卻不是每個人都能從孩子的角度來思考，怎麼樣與這個年齡層的孩子互動，單方面以成人的思考、力量、不對等的權力關係去「逗弄」小孩，孩子的驚嚇與哭鬧，在他們眼裡反倒成了有趣的事；如果孩子惱羞了，就怪罪小孩不夠堅強，很愛ㄉㄩㄣ。

該檢討的是，這種「你再怎樣／再不怎樣，就會怎樣怎樣」的威脅句型，有時也會從父母口中說出，彷彿內化在我們面對小孩的反應機制中。

我想告訴這些想和孩子玩，又不知道怎麼開始的人，其實面對小孩應該是順勢而為，不必刻意反向逗弄。孩子開心就一起開心玩耍，誰也不用說反話；孩子難過就好好安慰，不必擔心孩子不夠勇敢強壯。試著真正感受孩子的情緒，你會發現，孩子笑的時候比哭泣時可愛很多。（澄澄爸客串撰文）

TAIPEI

親子出門的權益

帶孩子搭火車出門為什麼那麼累？

親子車廂不只是一個公共設施，也不是一種恩惠，是讓兒童在公共場所中現形，我希望社會不是抱持著「把孩子趕到親子車廂」的態度，而是去看見孩子的需要，練習與孩子共處，找回心中的孩子。

蔚昀：

兒子在一歲八個月時突然對各種車輛玩具產生極大興趣，無論是可以一手掌握的鐵製小汽車、小巧廉價的塑膠模型車、可以自動繞著軌道跑的火車模型，全都是他的最愛，每晚上床睡覺前，他都要在玩具櫃前挑來選去，最後一手握著一台心愛的小車才能甘心入睡。

想當然爾，我家的玩具車簡直是氾濫成災了，走路會踢到、枕頭下藏了兩三台、書櫃夾縫處有幾台小車，我的口袋裡也隨時放著一輛玩具車，以免他一時興起跟我喊：「掐！」

（汽車的台語讀音）

其中他最喜歡火車，為兒子甘願當「孝子」的我們，趁著假期帶他搭乘溪湖糖廠的觀光小火車，還到彰化火車站觀賞具有歷史和文化保存價值的扇形車庫，這位小火車迷簡直樂瘋了……可是，我們還沒有勇氣帶他搭乘真正的火車。

在台灣帶著孩子搭火車的爸媽，必須面對各種尷尬狀況。火車車廂狹窄、月台與列車間的縫隙過大，爸媽必須先將娃娃推車收起，一手抱著孩子，一手扛推車，才能順利上火車。車廂廁所沒有設置尿布檯，只能讓孩子在座位上換尿布；環境不合適是其次，鄰座的乘客可能馬上錄影上傳臉書。車廂內也沒有合適的活動空間，不耐久坐的孩子若是玩鬧或哭泣，爸媽就必須忍受「怠惰、失職、沒家教」的指責。至於上了火車後，推車該放哪裡才好？我連提都不想提了！

鐵路運輸友善親子的積極方案

我先前加入了「友善親子行動促進小組」，這是一個為了讓社會更理解、接納兒童所成立的組織。我們在上個月的兒童節向台灣鐵路局提出抗議，要求增設親子車廂與親子廁所，並且應將親子廁所「移出」女廁，尊重那些帶著孩子出門的爸爸。我們也要求修改鐵路法第五十六條之一，有關於無障礙之相關條文，落實公共運輸通用設計化，讓有娃娃車、行李、輪椅都能夠平順在月台與車廂裡移動。這些要求並非無理取鬧，《兒少法》及《兒童權利公約施行法》早就說明，在所有重大政策及公共建設上，政府與各單位都應該把兒童需求列為優先考量。

而且這件事一點也不難！德國、日本、瑞士都設有親子車廂，車廂內不僅有簡易的遊樂設施、閱讀區，還有親子座位區。在我的想像中，親子車廂不需要設計成像遊樂園，也不必像台灣近年流行強調玩具又新又多、佈置誇張卡通化的「親子餐廳」。只要有無障礙空間規劃，有哺乳室，廁所裡附有小馬桶座、尿布檯，座椅少一點，地面鋪上好清潔又防水的軟墊，擺一些童書、玩具、積木、畫紙與筆，也可以招募說故事志工，談談台鐵各火車站的故事、各種火車的特色。最重要的是，營造出一個親子感到被好好對待、舒適自在的空間，即便孩子不舒服哇哇大哭，也不必困窘的要孩子閉嘴安靜。

台鐵有提出回應喔！他們承諾未來新購車輛會把親子車廂及親子友善設施納入，但要等多久才能等到新車箱啊？我們希望台鐵至少先選擇幾個車廂規劃娃娃車放置區及親子座位區，並在車廂入口設置斜板，改善月台與車廂間隙過大的問題，然後透過增設親子專用售票口，讓工作人員能直接幫助親子訂購合適車廂票位。

我真心祈禱，台鐵能就此奮起，扭轉古板、僵化、慢半拍、常誤點等刻板印象，快速跟上國際公共運輸的潮流，注意到親子是重要且為數驚人的乘客，只要多釋出一點善意，我很樂意搭乘台鐵而非高鐵，畢竟孩子追求的不是速度與安靜氣氛，他們著迷的是火車輪子在鐵軌上滾動的節奏，還有忽明忽暗、穿梭山洞的迷人景色，台鐵說不定可以改變台灣親子搭車出遊的型態喔！

理解親子出門的需求

我雖然沒有帶兒子搭過火車，但每週都至少搭乘公車或捷運四、五次，我的背包一定有玩具，口袋裡有小汽車，推車掛著的提袋裡有點心，我會拿玩具逗兒子，給他點心打發時間，戳戳他、摸摸他、逗他笑，車程若是一小時，我也又唱又玩了一小時，我不打算只是要求兒子安靜坐好、默默讀書，寧可讓自己累一點，順應他兒童的天性，陪他度過車上無聊難捱的時間，我不想忘記他是個孩子。

「我們尊重人的不同個性，有的活潑有的內斂，有的認真有的隨興，男人女人也有先

天特質上的不同，不同國家的民族性也不同，兒童這麼明顯的跟我們成年人不同，我們難道不需要尊重他們的不同？若在童年時期，他們不被承認，被拒絕被否定被負面語言傷害被歧視排斥，這樣的養育土壤，怎麼能長出溫暖包容能接納傾聽別人的成年人呢？」這段話出自台灣親子共學教育促進會理事長張淑惠，很適合用來提醒身為母親的我們。

親子車廂不只是一個公共設施，也不是一種恩惠，是讓兒童在公共場所中現形，我希望社會不是抱持著「把孩子趕到親子車廂」的態度，而是去看見孩子的需要，練習與孩子共處，找回心中的孩子。我想那會幫助我們看見其他老弱婦殘的需求，打造出能接納各種人、各種生物的友善環境。

淑婷

對了，聽說美國費城的火車是反過來設置兩節「安靜車廂」，規定不能講電話、不能聊天、耳機聲音不能太大，讓需要安靜的人搭乘，這點子也很有趣呢！

KRAKÓW

親子出門的權益

親子出門是權利，拒絕歧視和敵意

我覺得這些相遇對我們所有人來說都是很好的練習。在這些小小的越界和重新建立界線的過程中，我們都學到如何尊重和被尊重，也學到，每個人和每個人的界線是不同的。

淑婷：

收到妳的信，我想起有一次我們和兒子坐火車到波蘭西南部山區旅行的經驗。那次的旅行為期四天，一個目的是去卡爾帕奇（Karpacz）山區，到波蘭詩人魯熱維奇的墓前致意；另一個目的則是在鄉下休閒度假，好好放鬆一下被日常事務和工作操勞得疲倦不已的身心。

我們選擇坐三小時的火車到弗羅茨瓦夫（Wroclaw），之後在那裡轉搭兩小時的公車到耶萊尼亞古拉（Jelenia GOra），然後再坐二十分鐘的計程車到達我們的目的地科瓦雷

（Kowary），回來也是沿著同樣的路線和方法。旅程雖然累人（踏出家門直到抵達另一扇門，大概要花八到十個小時吧），不過因為我們規劃得很詳細，再加上累積了一些長途搭乘大眾交通工具的經驗，所有的困難和麻煩也都有驚無險地度過了（去的時候差點趕不上車，不過後來發現火車誤點一個小時，我們竟然還早到了呢～），我甚至在來回兩趟的火車上看完了馬尼尼為的《我不是生來當母親的》和凱倫．羅舒的《沼澤新樂園》。

閱讀《我不是生來當母親的》是個有點魔幻的經驗。看到馬尼尼為寫那把她人生覆蓋的白、處理不完的瑣事、洗不完的衣服盤子、擦不完的小孩便溺、那緊貼著母親身體的小孩熱烘烘的呼吸……我感覺有點像靈魂出竅，在觀察一個似曾相識的自己，同時親近又疏離。就在我思索「為什麼我無法進入狀況？」的時候，答案冒出來了：「因為我的孩子大了，可以睡在旁邊的椅子上（感謝上帝，火車很空），我可以空出手來看書，而不是好幾個小時一直抱著他餵奶、哄他、唱歌給他聽。」

在波蘭的親子火車旅行

彷彿電影《艾蜜莉的異想世界》裡面那個找到百寶箱、想起自己童年回憶的老人，我也找回了那些被我選擇性遺忘的辛苦回憶：手提大包小包走上月台，我先抱著孩子戰戰兢就地跨過月台與列車的間隙，老公則一個人把兩個大行李箱、娃娃車、汽車座椅、好幾個背包（有一兩個背包裝的全都是小孩的東西）扛上列車，然後穿過狹窄的走道，把行李搬進包廂（波蘭的火車大多採包廂制，有八人座或六人座，不過現在在某些 Inter City 城市快車的新型列車裡，有非包廂的座位區，就像台灣的火車一樣），放到頭頂上的置物架或座位之間（一邊祈禱我們會遇到心胸寬大的同車旅客，不會在意我們占據三分之二的空間），終於坐定後，在幾個小時的旅程努力讓小孩快樂又安靜，並且擁有他需要的東西（乾淨尿布、食物、玩具）。然後下車的時候，再上演一遍螞蟻搬家，在爭先恐後下車的旅客之間見縫插針，把我們自己和行李弄下車……

我記得好幾次，我們都在兵荒馬亂的長途旅行中崩潰失控，罵小孩，罵別的乘客、彼此互罵……一切的一切，都是因為這個對孩子及家長不怎麼友善的環境令我們感到挫敗。好幾次，在經歷過二等車廂的擁擠悶熱後，我們狠下心買了頭等車廂的票，拼命催眠自己：「花多一倍的錢，可以讓自己和小孩坐得舒服一點，也不會打

擾別人，這樣是可以的，不必有罪惡感……」

和妳所提到的德國、瑞士和日本不一樣，波蘭直到二〇一二年才設置了有遊戲空間的親子車廂（這已經算很快了，因為波蘭火車車廂大量翻新、現代化、變得明亮又乾淨，也不過是最近幾年的事），而且是在特定的觀光路線，我印象中只有兩條，一條是從華沙去扎科潘山區（Zakopane）的短程火車，另一條是從華沙去海邊的長程火車。我還沒有機會坐過這些火車，從價格上來看，還蠻吸引人的：從華沙到海港城市格丁尼亞（Gdynia）的成人票比二等車廂的票還便宜一點，如果是帶小孩買家庭票，還有優惠折扣。

可惜的是，親子車廂的票無法在網路上購買，車廂裡的座位也只有五十四個。為了調查其他波蘭人對親子車廂的觀感，我上網搜尋了一下，結果找到一篇報導，裡面有一個媽媽憤怒地說：「我帶小孩去坐車，但是在網路和售票口都劃不到位……等我們上了車，卻發現車廂又髒又亂，車上大部分都是沒帶小孩的大人……」對此，波蘭國鐵的回應是：「真奇怪，她應該可以買到有座位的票的……親子車廂是優先售票給帶小孩的父母，不過在人多的時候，沒帶小孩的成人也可以坐親子車廂的位置。」

上次坐火車，我發現新型的 Inter City 列車裡面有家庭車廂，設計很有趣，是專門隔開、給家庭用的小包廂，四人位。可惜的是，這些小包廂並不是很多，供不應求，我們訂票太晚，就沒辦法使用了。

旅途中學習互動的經驗

不過值得欣慰的是，雖然波蘭火車的硬體設施仍有值得改進的地方，火車上的乘客都還蠻友善的。除了少數特例，我們在火車上遇到的大部分人們都對小孩很親切，不會抱怨小孩很吵，也不會要我們讓小孩閉嘴。相反的，他們會和小孩互動、聊天。我們就曾在包廂裡遇到一位小姐，她很有耐心地和我們的兒子說話，兒子想要看她在讀什麼，她也不介意，甚至讓兒子在她文件上用螢光筆作記號（她有告訴他要畫哪裡）。

後來，包廂裡又進來另一位小姐，兒子同樣好奇的湊過去，和她說話、看人家的手機……這位小姐看起來就有點尷尬、不知所措，但是她一直微笑著，沒有什麼激烈的反應。我們告訴兒子不可以這樣做，並且把他抱到走廊上，不讓他繼續干擾別人。兒子在走廊上鬧了一下情緒，後來，當我把他抱回座位，他坐在我身上很快就睡著了（原來他是累了啊）。

我覺得這些相遇對我們所有人來說都是很好的練習。在這些小小的越界和重新建立界線的過程中，我們都學到如何尊重和被尊重，也學到，每個人和每個人的界線是不同的。

蔚昀

如何支持帶著孩子搭乘捷運和公車的父母

自從人手一支智慧型手機，任何資訊都可在臉書發布分享，我們時常聽聞媽媽帶著孩子搭乘大眾運輸工具，卻被「建議」離開捷運車廂，或是直接趕下公車。在爭辯當事人的對錯之前，我們可以先思考幾個問題：

1. 捷運不是飛機或高鐵火車對號車票，如果其他乘客讓你不舒服，你可以要求對方下車，還是選擇自己下車或換車廂？
2. 選擇廉價公共運輸工具的乘客本來就要有承受所有乘客發出各種聲音的心理準備，還是台灣已經有「靜音車廂」的規定？
3. 一群高中生會大叫嬉戲夾雜三字經，年輕男女會打電話喊著「快到了」、「遲到了」，或談著業務內容，中年歐巴桑歐吉桑玩遊戲不關靜音、講電話開擴音，你會鼓起勇氣叫他們安靜或離開車廂嗎？
4. 當這個孩子下車後，捷運真的就會安靜無聲？還是只剩下成人的聲音？
5. 如果媽媽現場當眾斥責打了孩子，孩子就會不哭嗎？你看了心理舒服點，覺得

「有管教」嗎？

我在公車或捷運上，會不斷拿出玩具、故事書、蹲在推車旁小聲唱歌或說話，常覺得自己是在表演，讓眾人覺得我很努力了，不要怪我的孩子無法安靜……儘管他不是車上唯一發出聲音的人類。

我真的很希望，台灣能成為一個「看見孩子」的社會，理解嬰兒哭泣只是一種溝通方式，兩三歲兒因為語言發展能力有限，受到刺激會興奮過度，當父母努力安撫、找出原因時，能多給父母與孩子一點時間。如果我們需要一個打罵孩子換取來的安靜環境，那這樣的安靜，是否只是為了成人存在？誰能回答我，誰沒在公車上大聲說話過，沒在火車上和朋友嬉笑過呢？下次又有人建議哭泣的孩子下車時，請為他們挺身而出。

身為父母，我們能夠做的事，也包括與不了解／不習慣嬰幼兒習性的外人對話溝通。如果只是強硬的要求眾人忍耐配合，只會加深「帶著吵鬧小孩的父母多半如此不講理」的刻板印象和歧見，助長雙方對峙的氣焰……我想我們可以柔聲但堅定的解釋，「孩子累了，他有點不舒服」，畢竟只有我們能當孩子的代言人。

如果你下次願意伸出援手，我建議的步驟如下：

1. 慢慢的靠近，對媽媽微笑。
2. 如果眼神交會，就用旁人能聽到的音量說：「帶寶寶真的好辛苦喔，我每次帶小孩出門都好緊張，幸好現代人都很友善，大家都知道養小孩很需要幫忙。不要急，哭一下沒關係，畢竟成人的忍耐力比較高。」
3. 輕聲對著孩子說，「沒關係，你很不舒服，我們都知道，阿姨和叔叔都會幫你的。」（淑婷）

廁所中的孩子

尋找廁所的兒童：出門在外的麻煩事

當父母後，出門旅行看到的不再只是風景名勝，我花更多心思觀察公共設施能否符合兒童需求，從人行道是否平整、餐廳有無兒童椅、廁所是否有尿布檯……別說父母龜毛，一個孩子要好好長大，至少有七年時間，需要處處特別細細對待。

蔚昀：

兒子快兩歲時，我們一家到日本沖繩旅行。計畫旅程時，朋友替我們擔心，帶著還包尿布的孩子出遠門，會不會很難處理便溺問題。我回想幾年前去東京，無論百貨公司或小餐館、大飯店，免治馬桶與潔淨的環境是基本條件，當時的我深深為日本的廁所著迷（我是怪咖）。

我還記得抵達沖繩的那霸機場時，第一件事就是帶著孩子去上廁所。一走出來，我立刻興奮的「建議」老公也去上廁所，而且一定要上馬桶間喔！等他走出來，我立刻問他：「發現了什麼？」「男廁每一個馬桶間裡都有嬰幼兒座位耶！」沒錯，不是單單一個尿布檯，也不是某個親子廁所，更非女廁專有，無論男女廁所的每一個馬桶間都有這麼貼心的育兒設備。

除了機場，此行我們去過的商場、百貨公司、大小餐廳，除了兩間歷史悠久的小吃店外，每間都有提供獨立於男女廁外的尿布檯，某間西式餐廳的尿布檯上頭還擺了很多可愛玩偶，吸引孩子注意，我兒子玩到差點不願意離開廁所呢！

不僅如此，這場旅行我也使用了幾次多功能友善廁所。台灣的多功能廁所有尿布檯、殘障者可使用的坐式馬桶，和較矮的洗手檯等等，但日本的多功能友善廁所，還有一張折疊躺床，包著尿布、必須躺臥更換的老人或殘障者，可在陪伴者協助下，躺在床上換尿布、更衣。看到這張床我才醒悟，過去我從沒關心過行動不便、包著尿布的成人，該如何解決便溺問題啊！

公共廁所空間體檢

其實當媽媽後，常常帶著寶寶到處走跳，公園這類的公共空間我早就期望不大，設有一間多功能廁所就能讓我偷笑了，廁所乾淨與否實在無法多強求，但至少我可以將孩子帶進去，大眼瞪小眼解決民生大事。

這兩年來我們在各地換過尿布，無論是公園、公廁裡外、餐廳內、汽車裡，每到一個我都會去「視察」廁所。如果空間太小、地板太溼，就不適合在廁所裡換尿布，為了減少旁人關愛的眼神，外出我們早已捨棄傳統紙尿布，改用較貴的尿布褲，孩子只要能扶著我的肩頭站，把腳輪流抬起、套入尿布褲、拉起、穿上外褲，就大功告成。

至於一般餐廳我從不期望有親子廁所、尿布檯，小孩要換尿布或拉屎，請自己想辦法解決。這兩年有許多網友批評爸媽在餐桌旁、椅子上換尿布，或者寫文章責備，或者直接錄影上傳，我當然也不反對那樣，可是怎麼辦呢？誰能告訴我，星巴克或鼎泰豐的廁所，哪裡可以幫還無法站立的寶寶換尿布？

記得兒子三個月大時，第一次參加家族聚餐，即便那裡是可舉辦喜宴的兩層樓餐廳，要幫還軟趴趴的的寶寶更換尿布，我們也只能在包廂角落、把高背椅拼起來，背對著大家換尿布，因為那間餐廳根本沒有尿布檯或親子廁所。

百貨公司的廁所也不及格，親子廁所一定設在女廁裡，當我老公獨自帶著寶寶去百貨公司閒晃時，就曾落入應該闖入女廁、還是在男廁就地更換尿布的窘境，而且幾乎每間百貨公司都是如此。

廁所裡的兒童無處可去？

和幾位當媽媽的朋友討論後，才發現大家都為此困擾。有媽媽提醒我，還包尿布時比較輕鬆，至少可以在自家推車上換，戒了尿布後才讓人頭疼，因為要找到乾淨的廁所很難，即便好不容易把馬桶清潔乾淨，但朋友的孩子的屁股只是稍微離開馬桶，自動沖水的馬桶就轟隆隆開始運作，被嚇到的孩子至少一個月不敢在外上廁所。

某位朋友帶著五、六歲的兒子到女廁去，竟然被大聲辱罵沒禮貌、侵犯隱私，另一個朋友則是遇到同齡的兒子不肯進女廁，她只好一邊上廁所，一邊扯開喉嚨說話，確認兒子乖乖在外頭等著。這些遭遇聽得我膽戰心驚，我不是沒想過這問題，若台灣親子廁所一直設置在女廁裡，隨著小孩年齡漸長，我是該帶著他到女廁去，還是陪著他上男廁？**台灣的公共廁所的環境，我們能放心讓孩子獨自待在廁所外等候嗎？**

台灣的廁所充分說明了一點：你最好不要帶孩子出門，帶出門了請至少包上兩條尿布，撐到回家再更換喔。

別說孩子，許多小女孩自小就被告誡外頭的馬桶很髒，學習蹲在馬桶坐墊上（踩得很髒又危險），或是懸空大小便（根本特異功能），最糟的狀況是憋著回家上，最後尿道發炎。再以學校廁所來說，明明一間學校有幾百名孩子要上廁所，為什麼學校的廁所只能設在建築物最遙遠的兩端，不一定開著燈，開了燈也不會多亮，那鎖總是搖搖欲墜，讓人心不安，分明是最適合發生霸凌的場所，而這幾年也確實發生過好幾次意外。

這趟沖繩旅行遇到的每一間廁所，都舒緩了我們帶著幼兒長途旅行的緊繃精神。我認為從一間國家為兒童準備的廁所，就可以看出他們對兒童的友善態度，與決心改善少子化的信念。因為設置了專屬尿布檯或親子廁所的餐廳，一定也會備妥兒童椅，不管是高腳椅或是放在榻榻米上的小椅子，還有造型可愛又齊全的兒童餐具。

旅途上的友善設施

我們在沖繩造訪的商場，無論是西松屋、百貨公司、AEON 賣場，都提供兒童可坐著面向前、提籃另掛在後方的簡便推車，高度適中又好推。我兒子很討厭台灣賣場的鐵欄推車，雖然有可拉出的鐵片可以坐，但實際上一點也不舒服，又只能面對推車者，而且無論要抱小孩進去或出來，對媽媽還說都是舉高兼舉重比賽。

另一款在百貨公司看到汽車造型推車，我曾在台灣百貨公司租借過，但日本的把手處另設有一個座椅，一個孩子坐車內、一個孩子坐椅子上，恰恰好，台灣的推車總是只有一個座位，單獨帶兩個孩子出門的爸媽怎麼辦呢？

當父母後，出門旅行看到的不再只是風景名勝，我花更多心思觀察公共設施能否符合兒童需求，從人行道是否平整、餐廳有無兒童椅、廁所是否有尿布檯……別說父母龜毛，一個孩子要好好長大，至少有七年時間，需要處處特別細細對待。我好想成立幼兒安心上廁所聯盟，為孩子提醒那些偷懶的成人：「你的方便已經造成我的不便！」

淑婷

KRAKÓW

廁所中的孩子

廁所裡的兒童：來自巨人國的歧視

妳想想，當一個一百公分左右（或者不到一百公分）的孩童走進大人的廁所、去上大人的馬桶、踮起腳用大人的洗手檯，他會不會覺得像是來到一個巨人的國度呢？如果有一天我們來到一個巨人國，所有的事物、設施都是給巨人使用的，我們會不會覺得有障礙？

淑婷：

讀了妳的來信標題，我立刻想起比利時的尿尿小童雕像——那大概是世上少數可以在公共場合光明正大尿尿，不必受人指責的兒童吧（而且還受人表揚哦；傳說是這樣說的：因為這個小童尿尿撲滅了火藥，城市才免於祝融之災……）。其他的兒童（真正的兒童，不是雕像），都要躲在樹叢、街角後的花圃、公用廁所裡面尿尿，不然就會被大人指責，「怎麼這麼沒教養！」

有人會說：「小孩本來就應該在廁所裡尿尿啊！隨地便溺是野蠻的行為！」可是，小孩想尿尿這件事，就像是天要下雨娘要嫁人，就算妳在出門前問再多次：「你確定不要尿尿嗎？」提醒再多次：「路上沒有廁所喔！」而他也跟妳保證再多次：「我不要尿尿，確定。」等一下他還是有很大的機率會在街上跳腳、扭來扭去，可憐兮兮地說：「媽媽，我要尿尿～」或是直接尿出來（這種時候，我就會希望他還在包尿布，但「可是瑞凡，我回不去了。」）

如臨大敵的尿急時刻

很多時候，街上並不是到處都有廁所。如果可以，我也希望街上每走三五步就有乾淨的公用廁所，這樣我就不必每次出門時都和小孩說N遍：「欸，你先去尿尿我們再出去。」說到我自己都覺得我在逼迫他。小孩尿急了，又找不到可以讓他上廁所的書店、餐廳、博物館，就只好讓他在有樹有草的地方解決生理需求。

我必須說，迫不得已時，讓小孩在樹下或草地上小便，是我在波蘭才比較敢做的事，因為我知道波蘭人對守規矩的標準比較寬鬆。在波蘭，成人隨地小便被抓到是要繳罰金的，但是對小孩，大家會睜一隻眼閉一睜眼（因為小孩就是小孩啊！）。我看過波蘭父母帶孩子在樹後面小便，大家好像也沒什麼特別的反應。而在台北，我一方面怕會被人罵或拍照，另一方面怕在樹下撒尿會對大樹公不敬，所以在他尿急時會盡量帶他到最近的捷運站、書店、飲料店或咖啡廳尿尿（在消費場所，我通常會花點錢買個東西，免得對不起店家）。

幸運找到了廁所、選好了廁所（目前我們家是這樣：我帶兒子進女廁，老公帶兒子進男廁，有無障礙兼親子廁所就上無障礙兼親子廁所）、走進了廁所，也不是所有問題就解決了。不管在波蘭還是台灣，一般廁所的空間通常很狹小，馬桶又很高，要讓小孩子的身體不碰到馬桶，然後尿液又能不偏不倚射進馬桶，而不是灑到馬桶座或地上，真的是要武功高超，或是擁有像妳所說的「特異功能」。

好幾次，我因為兒子的尿尿灑出來、我必須蹲在地上擦拭，而怒氣沖天、髒話連連。有時候我也會忍不住跟他抱怨：「下次瞄準一點啊！」但是轉念一想，這又不是他的錯，就會很後悔自己怎麼這麼沒耐心。是呀！這真的不

是他的錯，也不是我的錯啊！如果每個廁所都有適合兒童高度的馬桶，讓小孩能好好安心上廁所，誰又會希望連上個廁所都要如臨大敵呢？

兒童如廁的障礙與歧視

我不知道妳有沒有這種經驗，但是好多次，當我陪兒子去上廁所，我都有一種陪身障者去上廁所的感覺。我當然知道兒子不是身障者，也知道身障者和他們的照顧者所面臨到的困難是更巨大的。但是妳想想，當一個一百公分左右（或者不到一百公分）的孩童走進大人的廁所、去上大人的馬桶、踮起腳用大人的洗手檯，他會不會覺得像是來到一個巨人的國度呢？如果有一天我們來到一個巨人國，所有的事物、設施都是給巨人使用的，我們會不會覺得有障礙？

會，我們當然會覺得有障礙，而且會覺得受歧視。這個社會對身障者本來就很不友善，騎樓高低起伏的路面或沒有人行道的小巷子很難讓輪椅通過（而且常常有人在路邊停車，行人還要繞道），許多地方沒有可以讓輪椅有足夠空間進去的電梯（或根本沒電梯），無障礙廁所缺了照護床還是障礙……

類似的困境，兒童也會遇到，只是程度和身障者不同，還有困難的點也不同。輪椅沒辦法走的地方，娃娃車也不能走。嬰幼兒媽媽可以抱在手上、背在身上，長大一點後小孩可以自己走，這一點確實是比身障者方便許多。但是，有些地方嬰幼兒去了會被人白眼（因為他們就是會自然而然發出一些聲音，「擾亂」清淨），有些地方甚至明文規定不准小孩進入。

如果今天這些地方規定的是「不准身障者進入」，所有人都會說，這是明明白白的歧視。但是，因為對象是小孩，所以這歧視就不再是明明白白的了。總會有人跳出來說：「我只是想安靜吃頓飯有這麼困難嗎？」「不會管教就不要帶出來啊！」「小孩就是要適應社會啊！」同樣是弱勢，同樣是歧視弱勢，人們在面對身障者時還要顧及一下「政治正確」（當然，這也不是天上掉下來的禮物，而是長期抗爭得來的成果），但面對孩童，很少人會覺得他們在歧視。

可是，當一個小孩連解決基本的生理需求都會遇到問題，那怎麼不是歧視？而當他的需求不被重視，旁邊的大人不去思考社會是否有結構上、系統上的問題，只會覺得小孩或他們的父母無法「適應」是他們自己的錯（很多人都很愛說：「我當年還不是這樣過來的？」潛台詞就是：「為什麼你不能像我一樣默默忍受？」），那不正是歧視中的歧視？

一個更能看到不同需求的環境

我心目中一個有同理心的社會，是可以去看到不同人的不同需要，然後在可能的範圍內，試著在各種需要之間取得平衡。當然，讓所有人的需要都得到百分之百的滿足，是不可能的。但是，當我們開始去試圖改變，也許這個世界對許多人來說，都會變得舒服一點。

我希望當我的孩子在長大過程中需要適應的社會，並不是一塊不可以改變的鐵板，而是像黏土一樣可以被改變、塑造、打開、可以隨著人類本能的需要去被調整。只有這樣，它才是一個人性的社會，而不是一個由規則堆疊起來的、把人關在裡面的牢籠。

蔚昀

我們都需要安全乾淨又舒適的廁所

有時候我會想，比起女兒，男生似乎還是比較好帶的。至少，出門如廁是如此。

在公共空間（學校、公園、車站）使用廁所的女生，應該或多或少有過這樣的經驗：走進散發著異味、地板上還有尿漬（或是血漬，或是大便）的廁所，在最短的時間解決完生理需要，小心不要弄髒自己的身體、衣服或隨身物品，出來後趕快洗好手，離開現場……

看來很簡單的一件事，有時候也會遇到許多困難。比如，廁所沒有掛鉤，東西不知道放哪。比如，衛生紙用完了，或洗手檯沒肥皂。比如，廁所裡可能會有偷拍的攝影機或色狼。比如，為了不碰到馬桶蹲馬步，卻不小心尿到自己身上……

比起來，男生去上廁所就方便許多，至少身體不必直接接觸到馬桶就可以尿尿，可以速戰速決。真的找不到廁所，也可以在路邊小便，不必像女生那樣在意別人的眼光。

以上所說的，是大部分的情況。畢竟，我們也有男生因為別人眼光的威脅，而無法在想上廁所的時間上廁所，最後孤獨地在廁所內死去，比如葉永誌。

能夠在公共空間自在地解決私密的需求，我認為是很重要的事。如果每一次上廁所的感覺都很尷尬、充滿厭惡的情緒，這也會影響人看待自己身體的方式吧！

大人需要安全乾淨又舒適的廁所，小孩子也需要。我們不能因為孩子小，就忽略他們的身體和他們的需要，相反地，就因為他們小、而且和我們不一樣，我們更應該照顧他們的需要。

我知道不是所有的場所都有辦法提供換尿布檯、兒童廁所和兒童洗手檯，也知道如果父母在餐廳的桌子旁或椅子上幫小孩換尿布，可能會引起其他人的反感。但是，除了罵孩子和家長「沒教養」，或是要求他們「適應社會」，是不是也可以有其他的想像或折衷的解決辦法？比如，餐廳或咖啡廳能否提供一個房間或隱密的空間，專門讓父母給孩子換尿布？或者，如果只是更換濕尿布，沒有大便，是否一定要對這件事反應那麼激烈呢？

對於「小孩在公共場所換尿布」的反感，是因為這件事本身，還是因為他沒有遵守社會的「約定俗成」，這是可以去思考的。同樣值得思考的是：「約定俗成」一定是好的嗎？我們的社會是否有提供它的居民一個自在的空間？如果沒有，那可以怎麼改變，讓它變得更好？（蔚昀）

TAIPEI

孩子的戶外遊戲

我們要真遊樂場！當罐頭遊具入侵公園

公園裡常見鴨子、馬、狗、汽車等造型的遊樂器材，但孩子往往是一臉無聊的坐在上頭前後晃動。這樣的玩耍能幫助孩子什麼動作發展呢？孩子在哪裡可以練習平衡、旋轉、奔跑、爬上爬下、懸掛、跳躍？

蔚昀：

前兩週我帶著兒子到新北市三重一處社區公園，那裡有兩個皮製坐墊的鞦韆，一個小男孩選了其中一個盪得開心，我兒子在旁觀望一陣，突然伸手指了另一個，在我的協助下，七手八腳爬上去後，他竟然開始了「此生首次獨自盪鞦韆」！我立刻錄影留念，還傳送給上班中的老公分享。

但這份感動沒有維持太久，就在我們即將離開公園時，幾台怪手與工程車開近，幾名工人指揮，突然間，鞦韆就被拆除了！我們非常驚訝，這裡的遊戲器材不算新穎，但也不至於破敗，那鞦韆狀況好得很。「我們要在這裡蓋一個更大、更高的鞦韆。」工人語帶含糊地跟我解釋，大概也把我當成不足七歲的幼兒。

當公園失去探索樂趣

這讓我想到，從去年十一月起，許多家長聯合組成「還我特色公園行動聯盟」，起因正是大安森林公園和青年公園的磨石子溜滑梯被拆除了，換成了幾乎每個社區公園都可以見到的塑膠彩色套件遊具，那是以藍、黃、紅、綠等飽和色彩裝飾，設計相仿的低矮塑膠遊樂器材，現在我們稱其為「罐頭遊具」。

拆掉的原因非常簡單——不符合CNS（國家安全標準），例如滑出段高度不足、斜度不符合，但專業的景觀設計師指出，高度不足的溜滑梯下方可以挖深做成沙坑，或放置其他緩衝材料，讓孩子滑下來後能順勢站起，而斜度可以直接使用水泥墊高調整，幾乎都只要局部處理，磨石子溜滑梯就安全無虞，用上幾十年沒問題。相較之下，塑膠套件遊具在日曬風吹雨淋後，常見破損，只好再次發包換新，這樣的汰換頻率是否經濟環保？難道孩子的遊戲場所，也落入了成人的金錢圈套？

如果你回台時曾帶著孩子到公園，一定看過鋪設在塑膠套件遊具下方的橡膠軟墊，也許是全黑，也許是紅黑相間。這種軟墊不同於國外公園常見的細沙、小圓石、草皮或環保木屑；軟墊的顆粒粗、孔隙大，若不慎跌倒後果比在草地上悽慘多了，而看似吸水，不像泥地雨後濕濘，其實水分也不易揮發，即使雨停了一陣子，踩上地墊依舊濕答答，如果是大晴天，易吸熱的地墊更是燙得嚇人。這不禁讓我懷疑，設計者不曾赤腳於地墊上奔跑，他根本不了解兒童的遊戲方式。

為了方便維護、管理、發包，台灣的公園幾乎被塑膠套件遊具和醜不哩機的橡膠軟墊佔據。而成人強勢的態度，同時剝奪著孩子遊戲的權益，前陣子在社區網路平台出現一則討論串，抱怨兒童在公園玩飛盤，發文者打算申訴公園管理處或是透過民意代表施壓，爭取公園不准玩飛盤，而贊同他的網友不少。由此看來，最好也不准玩球、直排輪、滑板，因為公園還裡還有其他不玩耍的成人。

我在想，生活在城市裡的孩子，在校園能自在跑跳的時間有限，回到家，公寓大樓的設計讓他們不能有劇烈活動，馬路如虎口，人行道停機車，而公園又處處限制遊戲方式，只提供單一、限制、呆板的塑膠套件遊具，沒有設計只有發包，好像只是在廠商產品型錄上隨手一指，就憑空降落在公園空地，現代兒童實在太可憐了！

不只是台北的公園陷入危機，台東體育館的親子兒童體能遊戲場也被拆除了，以前能夠讓孩子運用腰力、臂力、腿力的攀爬、走橋、滑動等單槓設施，變成一大片塑膠彩色套件遊具，朋友看了轉身就走。這個戶外兒童遊戲場已經配辦居民十三年了，整修後就算符合CNS，吸引力卻大不如前。

無獨有偶，香港也出現「我要真遊樂場！」的討論，因為香港的公共遊樂場只有限制前後擺動的單人鞦韆、低矮的溜滑梯，不變的攀爬組合與保護地墊，「安全第一、減少投訴、設施耐用可替換」成了遊樂環境設計的主要考量。在康樂及文化事務轄下約有七百個戶外兒童遊樂場，竟然只有香港公園設有沙坑，這些公園的設計到底是為了成人還是兒童？

安全但乏味，孩子失去了什麼？

或許有人會問，公園裡放一樣的塑膠套件遊具有什麼問題？孩子還是玩得很開心啊！這必須回到公園的設立意義與功能，城市公園除了美化生活環境，提供民眾運動場所、促進身心健康，改善都市空污、噪音等問題，還兼具了教育的意義，讓居民在緊迫的城市環境裡，接觸到昆蟲與動植物。最

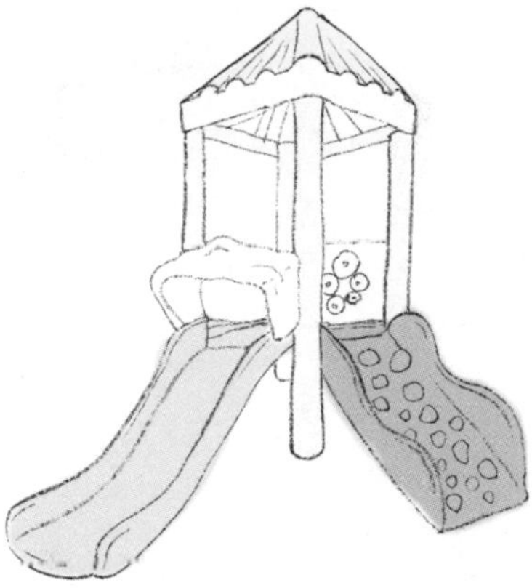

後，公園同時是公共的休憩場域，讓無論是什麼家庭背景的孩子與成人，都能安心遊玩、運動。

磨石子溜滑梯被拆除只是一條導火線，家長該深思的是，如何為孩子爭取富有多樣性、挑戰性、探索性的遊戲場。別忘了，孩子從出生那一刻就已經是社會公民的一份子，以「我是為了你安全」或「我是為了設施維護」的態度來干涉限制兒童的遊戲權與意見表達權，毋寧是剝奪了他們的基本人權。

回想我們小時候，除了坐著溜滑梯，也曾經反過身趴著溜，或是蹲著溜；鞦韆可以坐著盪，也會站著盪，有點危險沒錯，也可能因此受傷，但那時若有人阻止我們，該有多鬱悶啊。

坦白說，我覺得只能前後搖擺的搖搖馬無聊透了，看到孩子一臉無聊的坐在上頭前後晃動，造型就是鴨子、馬、狗、汽車，到底能促進什麼動作發展呢？孩子在哪裡可以練習平衡、旋轉、奔跑、爬上爬下、懸掛、跳躍？這些體能發展對孩子來說可重要了，關乎提高自尊、抒發情緒、促進人際發展等下一步。

我知道造成「罐頭遊具」入侵公園的原因之一，是爸媽的擔憂與保護。可是冒險不等

於受傷，我們希望孩子要有勇氣，就不能只提供安全到乏味的成長環境。讓我暗自生氣的是，許多家長一到了公園就坐在長椅上玩手機，偶爾才抬頭瞄孩子幾眼，一旦發現出了意外或引起爭執，不是先聲奪人的責備對方，就是立刻把孩子帶走，無怪乎政府只能以「罐頭遊具」應付了。

下次你回到台灣，不妨到台中清水「鰲峰山運動公園」一遊，那裡是許多爸媽心目中的聖地，有大型急速轉圈的「極限飛輪」，讓孩子可以趴著、站著練習平衡，還有以鋼纜、鋼管、軟墊相互交錯的「星際蟲洞」，可以自由發展攀爬動線，這些新奇有趣的遊具，兼有獨特性和設計感，最重要的是，好玩的不得了。愉快的遊戲，永遠是孩子最重要的任務啊！

淑婷

PS 附上「還我特色公園行動聯盟」FB粉絲頁 https://www.facebook.com/ParksAndPlaygroundsByChildrenForChildren/
端傳媒專題「我要真遊樂場！」http://playground.initiumlab.com/

KRAKÓW

孩子的戶外遊戲

呼應孩子野性的公園

我想，公園的樣貌沒有標準答案，只能由使用者去一起思考、一起討論，尋找符合他們需求的公園。台北的公園缺乏像在波蘭的綠意和開闊，但地小人稠、對守規矩有狂熱的台北有其侷限。也許下次回台灣，我會帶孩子到郊外或山上，讓他去體驗那裡的大自然吧！

淑婷：

看妳寫到青年公園的磨石子溜滑梯被拆除了，我心裡不免吶喊：「好可惜啊！」不只是因為磨石子溜滑梯是我童年的美好記憶（應該是我們這一代人的共同回憶吧！我印象最深刻的，是我在桃園國小玩的大象磨石子溜滑梯），而且，青年公園那個溜滑梯，是我老

公和兒子某天閒晃時自行發現，然後帶我去玩的。

我在台灣沒有帶兒子去過很多公園，多半是去我爸媽家附近的小公園（這也是我小時候的回憶呢！）。就像是妳說的，小公園裡有低矮塑膠遊樂器材，和橡膠軟墊。我雖然不太喜歡，但是看兒子玩得高興，也就不那麼介意了（不過，天氣熱時那玩意溫度很高是真的）。

兒子的外公外婆和爸爸會選擇去大安森林公園親子同樂，兒子很喜歡那裡的兒童遊樂場，也喜歡去沙堆玩沙子。同樣地，我對塑膠遊樂器材和橡膠軟墊沒有特別好感，但只要兒子高興，那我也沒什麼好抱怨的了。

未受馴化的波蘭空間

也許，我不會那麼在意塑膠遊樂器材和橡膠軟墊，是因為這樣的東西在波蘭也可以看到。我們也有搖來搖去的鴨子、馬、狗、汽車，長相看起來差不多的低矮溜滑梯、旋轉椅和鞦韆。在有些公園，地上也有鋪橡膠軟墊，旁邊可能有些地方會鋪沙子，或是一大片草地，或是妳提到的環保木屑（不過不是很常見）。

波蘭公園的玩具可能有些制式、機械，但是我還沒有看過臉色無聊的孩子。前幾天，我和兒子去我們家附近的公園，兒子在遊樂場碰到他幼兒園的同學，然後兩人就和另一個陌生的男孩玩了起來。他們把低矮的溜滑梯當作船，在上面爬上爬下，口裡一邊喊著：「啊……要掉到水裡了！」「啊啊啊……我們現在要下水，去救我媽媽，因為她快要淹死了！」看著他們，我也有一種錯覺，以為我不是坐在一張平凡的椅子上看我兒子玩，而是真的在海上漂流，等待救援。

我想，**這些孩子的想像力和身體能夠如此自由奔放，原因可能是因為：遊樂場有足夠開闊的空間，可以讓他們大叫、亂跑。**還有，這裡的公園還保有一份未被馴化的野性吧。

什麼是「未被馴化的野性」？請讓我向妳描述一下從我們家走到這個公園的路途：從我家出發，過了馬路，走一小段，就會來到一個林蔭大道。路是柏油道路，但是兩旁有許多樹木和草地，到了春天和夏天，四周一片綠油油的，不然就是繁花盛開，非常漂亮。波蘭的草原，妳知道的，有一種野性的感覺，簡單說就是隨便亂長。即使長太高會有人來除草，但是在被除掉之前，我們有足夠的時間好好欣賞那些牛蒡、飛廉、罌粟、蕁麻與蒲公英的狂放不羈、天然奔放。

走過一段林蔭大道，我們來到一個小一點的遊樂場。在那裡玩的多半是小一點的小孩，他們的父母也會陪在旁邊，看孩子在溜滑梯上爬上爬下、在沙堆裡玩沙、盪鞦韆，或是跑來跑去。大部分我看到的父母，不會坐在椅子上低頭滑手機，而是會遠遠看著孩子，如果孩子有需要他們會去協助，如果孩子開始做危險的事（比如拿著末端尖銳的樹枝爬上溜滑梯），他們會制止。遇到認識的父母，他們也會和彼此聊天，有時候在陌生人之間也會產生對話。所以，這個小遊樂場不只是孩子玩耍的空間，也是父母和他人交流，或是自己坐著休息、放鬆的地方（遇到我認識的父母，他們會幫忙我看小孩，那時候我就可以休息一下，當然，我還是會注意兒子在做什麼）。

離小遊樂場稍微遠一點的地方，有一個大遊樂場。那裡有更多遊樂器材、更大片的草地、有小山丘，可以讓小孩從上面鬼吼鬼叫俯衝下來（我兒子和他同學們超愛這個遊戲！），旁邊還有一大塊鋪了柏油的空地，可以讓小孩踢球或騎腳踏車、滑板車。我曾經看過有小孩在那塊大空地上用粉筆畫畫，雖然我看到的只是成品而不是畫畫的過程，但是能在那麼大一塊畫布上作畫，感覺一定很爽啊！

這就是我所謂的野性，或者也可以稱它為自由發揮的即興、隨興。在我的觀察中，波蘭父母會照顧小孩、管小孩，告訴小孩什麼可以、什麼不可以，但是不太會干涉小孩要怎麼玩，除非小孩的行為有可能會危及自己和他人。小孩有足夠的空間和自由，可以決定要玩什麼遊戲、如何和他人互動，父母要做的，只是確保他們的安全，和小孩約定好離開的時間（雖然很多時候他們會拖拖拉拉不肯走），並且在小孩需要他們的時候，視情況給予支持（比如碰到打人或搶玩具的陌生孩子，必須做出反應）。

不同文化環境，養育不同性格

我想，這樣的性格，以及這樣的親子互動，真的是和民族性及環境有關的吧。一個民族的個性和所處的環境一定是會互相影響的。回到那個野性未被馴化的波蘭草原，我真的相信，波蘭人會這麼隨興、即興，甚至有點混亂（真的，你要他們給一個確定答案，有時候會要他們的命），和花草瘋狂亂長的草原是息息相關的。幸運的是，我們在克拉科夫有很多的公園和綠地，在春夏期間長滿野花野草，讓居民隨時可以接觸大自然的狂放不羈。

同樣，這隨興、大而化之的個性，也影響了周遭的環境。相較來說，台北比克拉科夫整齊乾淨（台灣其他縣市的情況我不是很清楚），但另一方面規範也比較多，不像克拉科夫有那麼多自由。

什麼樣的環境才適合養小孩呢？我想這沒有標準答案，就像公園的樣貌也沒有標準答案，只能由使用者去一起思考、一起討論、尋找符合他們需求的公園。目前，我覺得在台北的公園缺乏像在波蘭的綠意和開闊，但我也知道地小人稠、對守規矩有狂熱的台北有其侷限。也許下次回台灣，我會帶孩子到郊外或山上，讓他去體驗那裡的大自然吧！

希望，我和孩子在波蘭以及台灣都能擁有可以奔跑，可以休息的公園。

蔚昀

對自然與秩序的想像

台灣之前鬧了一件新聞，有人不滿小孩子用粉筆隨地畫畫，竟然沒有擦掉；但在波蘭的公園或是孩子玩耍的地方，常常可以看到這種在地上的粉筆畫。這些小兒隨手畫經過雨水一沖就掉了，沒有人會去管，也沒有人會去在意。

波蘭人對小孩子在地上塗鴉不會大驚小怪，因為整個波蘭就是一個非常隨興、隨興到有點混亂的國家。在波蘭，你會看到有人在街上隨地吐痰、亂丟菸蒂，當公共場合還沒有全面禁止抽電子菸時，在公園、餐廳、電車和公車上，也可以看到有人在抽電子菸（不過現在已經全面禁止了）、在火車的廁所抽菸（雖然那裡禁菸）、把車停到人行道上（在波蘭這是合法的，如果你推娃娃車經過那狹窄的人行道真的會很想罵髒話）、在牆上塗鴉（有些很美麗，但有些你就是必須承認那是毫無任何美感，而且充滿法西斯情結的髒話）……

所以，和以上這些行徑比起來，小孩用粉筆在地上、樹上還有垃圾桶上畫畫，**不但不會引起任何人的注意，反而可能被認為是很可愛的。**

確實，台北的街道和克拉科夫的街道相較之下乾淨許多。不會有那麼多人亂吐痰，也不會有那麼多人亂丟菸蒂，或者把喝完的伏特加或啤酒瓶子留在街上……台北是乾淨的，因為很多人都很遵守規定，並且提醒別人遵守規定，但這也表示，許多在規範以外的行為（比如小孩在交通工具上或餐廳裡說話大聲、小孩在地上畫畫、小孩在公共場所因為無法控制情緒而哭鬧……）會被視為是危險的，因為會打亂整體的和諧均一。

波蘭整體的樣子就很隨興、混亂，每個人都很個人主義、深具反叛精神（這有正面也有負面的效應）。在波蘭要得到整齊、有效率、規則分明的事物，其實是蠻困難的。但是相對來說，在這邊越矩的行為（小孩哭鬧、在地上畫畫、講話大聲……）會得到比較多的包容，因為大部分波蘭人會認為：這有什麼大不了的，我們不在意啊！

到底哪一邊比較好，真的很難去評斷。我想對我個人來說，兩邊都有兩邊的方便，也有各自的難處。目前，我的生活就是有時在這邊過、有時在那邊過，還算維持著某種平衡。但是，如果能結合自由和規範，我想這會是一件很棒的事喔！（蔚昀）

我們能共同生活嗎？在界線間的親子學習

我覺得，要讓小孩學會什麼是尊重，最好的方法就是尊重他；要讓小孩學會如何與社會互動，最好的方法就是讓他真正去互動，在失敗與成功的經驗中慢慢摸索互動的模式。

淑婷：

我最近看到一本很有趣的童書，想和妳分享。那是達妮拉・庫洛特的《鱷魚愛上長頸鹿》，故事是這樣的：長頸鹿和鱷魚是一對相愛的戀人，想要共同生活。但是，高大的長頸鹿擠不進鱷魚的小房子，矮小的鱷魚無法在長頸鹿的高桌子旁邊和她一起吃飯……就在他們快要覺得無法忍受這一切、無法繼續共同生活的時候，他們想出了好方法：造一個新房子，在裡面建一座游泳池。

因為水的浮力，長頸鹿和鱷魚的高度相同，可以在吃飯時直視對方，而家裡的馬桶、樓梯、晾衣架、床、門也都設計成了適合牠們倆的樣式，有大有小，有高有矮……每個人都可以擁有最適合自己的家具，沒有人需要委屈自己去配合任何人。

雖然這是一個關於伴侶的故事，但是用它來比喻大人和小孩的相處，也未嘗不可。社會中有各式各樣的人，每個人都有自己的需要（比如小孩有哭的需要，大人有安靜的需要；父母有被體諒的需要，其他人有不被打擾的需要），要讓這些需要都能被滿足，是很困難的事。一定會有某些人的需要不被滿足，或某些人的需要被忽略，當需要和需要之間有衝突，一定會有人憤怒、不滿、傷心……

也許，要讓這麼多有不同想法、不同需要的人在一起共同生活，是不可能的任務。但是也許，我們可以找到一個方法，一個共同的平台和空間，讓所有人都能在一起共同生活，雖然也許會有些不滿意、不方便，但是都在可以接受的範圍。

孩子在空間中養成人格

在我的想像中，這「所有人」也包括兒童和嬰兒。當我們考慮「如何滿足所有人的需要？」我們也要考慮到兒童和嬰兒的需要。兒童和嬰兒有什麼樣的需要呢？老實說，我不知道。雖然我是一個五歲小男孩的母親，也親手把他從小帶到大，我還是不敢說，我完全了解他。當我不知道他在想什麼，不知道他需要什麼，覺得無法和他共同生活，我會用波蘭兒童人權之父雅努什．柯札克（Janusz Korczak）的這段話來提醒自己：

「沒有孩子——只有人，但是他們的認知和我們不同，經驗和我們不同，衝動和我們不同，情感和我們不同。我們要記得，我們不了解他們。」

是啊，我不了解我的孩子，這就是為什麼我要去了解他。我不知道怎麼和他溝通、對話、相處，這就是為什麼我要去和他溝通、對話、相處。然後慢慢地，在一次又一次失敗和成功的經驗中，我會逐漸了解我的孩子，我的孩子也會了解我。我們會接受彼此，然後找到一個最適合我們的相處方式，創造出一個最適合我們的生活空間。

空間為什麼是重要的？如果說，小孩在長大的過程中，會慢慢適應社會給予他們的空間，那為什麼還要特別提供小孩所需要的空間？我認為，這是一個基本人權的問題。小孩在空間中存在（畢竟他們不是抽象概念）、透過空間體驗現實，在空間中與他人互動、進入社會，在空間中成長……可以說，空間也是教育和人格養成的一部分。

我們當然可以說，小孩就是要適應、融入社會，入境就是要隨俗。但是這樣說的同時，我們是否有深入思考：我們的社會是什麼樣的一個社會？我們希望小孩適應的習俗，是什麼樣的習俗？這些規範和習俗對我們來說是否是好的，是否能讓大人小孩的共同生活更加愉快？還是我們只是為了守規矩而守規矩？另外，要讓小孩適應、融入社會，我們是否一定要透過規範與限制（「不可以跑來跑去……不要吵……安靜……」），還是可以透過別的方式，比如讓他們覺得，他們屬於社會，屬於社會是一件愉快的事，所以我們大家都可以做一些事讓社會更好，讓其他人和自己都覺得舒服？

讓小孩學習與外界互動

我在克拉科夫去過許多地方，比如電影院、咖啡廳、圖書館、藥局、餐廳、兒童用品店、診所、書店、政府機關等地，都會布置一個兒童遊戲角落，擺放一張桌子、一些紙筆讓小孩畫畫，還有一些玩具（如樂高積木）讓小孩玩，一些書可以看。有了這些東西，小孩就可以很專注地玩得很開心，也不會很吵。這樣一來，大人可以安靜吃飯，小孩也有事做。最重要的是，有小孩的父母依然可以繼續正常地帶著孩子參與社會生活，父母、孩子和社會中的其他人也可以從這個過程中學到，如何同時兼顧個人自由及整體利益。

也許有人會擔心，給小孩空間和自由，他們就會到處跑來跑去、大吵大鬧，影響到周圍的人的生活，而且會變得自我中心，不知道如何尊重別人，所以還是用限制和規範控制他們比較好。我的看法倒相反。我覺得，要讓小孩學會什麼是尊重，最好的方法就是尊重他。要讓小孩學會如何與社會互動，最好的方法就是讓他真正去互動。當然，父母要在旁邊觀看、協助，告訴小孩與其他人相處時，什麼該做什麼不該做，而不是把他丟在空間裡，然後自己去玩手機。遺憾的是，有些父母或小孩確實有可能濫用自由，不顧別人的權利。但是因為如此就下結論「給小孩自由是不好的」，這不是有一點因噎廢食嗎？

尊重不代表放縱或溺愛，也不代表沒有規範。與其說規範，我更想用的是「界線」這個字。我有我的界線，兒子有兒子的界線，空間中的其他人有其他人的界線，我們的界線也許會有衝突，但是只有透過討論、談判和妥協的過程，我們才能找到一起共同生活下去的方式。這個過程也許會很困難，甚至令人煩躁、憤怒，也許最後的結果都不是我們一開始想要的，也許我們都會有一些失望，但是它也許可以讓我們能共同生活，並且讓每個人都擁有自己的位置——雖然我們每個人都不一樣，但我們有平等的權利。

面向變化多端的現實

無庸置疑，只要我們繼續生兒育女，只要世界

繼續改變，只要我們是社會及地球的一份子，我們總是有機會遇到和我們自己不一樣的人，比如說：小孩、老人、來自不同階層／國家／族群的人，和我們有不同政治理念／意識型態／宗教信仰／性向／人生觀／背景／興趣的人……當我們遇到這些人，我們是要採取開放的態度，和他們對話，一起尋找共同生活的方式，還是要關起門來，拒絕對話，要人家「入境隨俗」，然後繼續活在自己的舒適圈和同溫層裡？

在面臨難民問題及全球化的歐洲，活在自己的舒適圈、拒絕對話、拒絕認識不同的文化，是越來越不可能了。而台灣呢？我想也會往這個方向走去，只是衝擊感或許還沒有像在歐洲這麼強烈。面臨這新的、變化多端的現實，我們可以從現在開始練習與我們不同的人共同生活：我們可以從練習和孩子共同生活做起。

希望，我們可以一起找到對共同生活的想像，並且有能力去打造共同生活的空間。

蔚昀

所謂「友善兒童的公共空間」：親子餐廳真的友善兒童嗎？

在公共空間對孩子不耐的大人，是否忘記幼年的自己也曾因為好奇發出驚呼；在興奮時喊叫、焦躁時哭泣，換來爸媽的責罵或巴掌……。如果餐廳外拒絕幼兒的聲明，改成是對爸媽的友善提醒，幾本可讓兒童自由拿取的繪本、或一桶積木，該有多好！

蔚昀：

收到你的來信，我忍不住開始幻想，如果我帶著兒子到克拉科夫旅行，我們可以在咖啡廳、圖書館、書店等地找到一些屬於兒童的遊戲角落，我可以歇腳吃點東西、翻翻書，他可以在旁邊玩耍，也許會有點吵鬧，但我想那也是正常，因為我們是「一起生活」。

等你回台灣，我想帶你到一間義大利麵家庭餐館，那裡很小，只有七張桌子那麼大，沒有出色的佈置，廚師和服務員也是家人關係，放學時間他們的孩子就在店裡待著。

兒子一歲時，還坐不住兒童椅，有時會在店裡尖叫大鬧，被我們帶到外頭安撫；現在他三歲了，能夠等待上餐時間，從麵包、湯、麵、甜點一路慢慢吃完，他嘗試過蒜味扁麵，也吃茄汁、奶油白醬，當他第一次嘗試青醬時，綠色的麵讓他愛死了，現在他常常指定要到這家店用餐。

我們很感謝有這樣一家店，願意接納不習慣外食的幼兒，包容他們在店裡無法克制地哭鬧、小肌肉操作不熟悉而不慎打翻餐點、地板弄得一團糟；供應足夠的兒童餐具，廁所環境乾淨可以讓幼兒踩在地板換尿布；廚房對外透明，我們常常在吃完飯要離開前，讓兒子看看廚師忙碌的身影，揮手說再見，他知道是誰在為他做飯；而且價格合宜，我們不至於負擔太大。

比餐點更讓人感動的友善空間與服務

這幾年台灣食安問題嚴重，業者嗅到商機，「友善土地的食材餐廳」一間間開幕，但我認為，除了食材與烹調方式，一家餐廳如何對待那些無法好好用餐的人，才能看出它真正的友善程度。

我發現，有太多餐點出色的餐廳，開始列出「只歡迎八歲／十歲／十二歲以上兒童」的條件，也明說無法讓嬰兒車進入，必須停放在戶外，請將嬰兒揹在身上用餐，如果嬰兒發出聲音，請帶至戶外讓其情緒平穩……這些條件讓人看了就灰心。我們怎麼揹著十公斤的孩子吃飯？如果餐廳講究安靜氣氛，我們能不能帶著有失智症狀、可能突然大聲說話的長輩前往？如果空間不夠寬敞置放嬰兒車，坐輪椅的身障朋友可以來用餐嗎？

我知道的，這些店只歡迎「被訓練好的顧客」上門，他們的陳設有限制，廁所絕無可能有更友善的規劃。每次看到這些拒幼兒與身障者於千里之外的店家，我就深深感謝那些願意提供接納「未被訓練／無法被訓練好的顧客」的餐廳，顧客不會是一次兩次的嚐鮮造訪，而是像到好友家吃飯一樣，感受到被尊重與被照顧著。

親子餐廳的惡夢

一定有人要抗議了，「如果想帶著小孩用餐，請

你到親子餐廳好嗎？」這又是另一場惡夢了，有的，我曾經試過幾家親子餐廳，他們都需要預約、大排長龍，可是每次我都失望而返，甚至餐點還沒上完，我就想帶著孩子逃離現場！

讓我受不了的是餐廳內播放震耳欲聾的音樂，狹小擁擠的座位；至於食物，成人餐點就算了，兒童餐一定有薯條、熱狗、調味果汁，幾乎全是媽媽平常不會讓孩子吃的食物。來到遊戲區，塑膠地墊的異味，讓人不知道是塑化劑還是腳臭味，不怕破壞的塑膠玩具還有前一個孩子啃咬過的口水痕，然後充斥著家長不耐煩的斥責聲、指揮孩子擺姿勢拍照的吆喝聲。而就當你以為一切不能再更糟的時候，發現親子廁所只有一間，而且媽媽要哺乳必須去哺乳室（因為「不雅觀」），而且這些餐廳往往價格不菲。

我每次離開時，都痛恨自己相信「親子餐廳」這個美麗宣傳，也為一同前往的朋友感到抱歉。如果不是因為帶著孩子，我們一定能在一間舒適、音樂悅耳的餐廳裡，享受美味的餐點吧？當這樣的親子餐廳的生意越好，是不是越能看出一般的餐廳有多不歡迎孩子？

陪孩子一起認識、適應社會

就如同柯札克所說的那句話：「沒有孩子，只有人。」自從當了媽媽後，我無時無刻提醒自己，孩子也是人，雖然來到世界上的時間短了一點，但終究是獨立個體，有思想、能思考、有情緒，有自己理解這個世界的方式，即便結論常與成人大不相同。

將孩子視為一個人，和自己不一樣的人，好好的去看見的他需求，尊重他的需求，滿足他，以讓他和我們這些不一樣的人生活在同一個空間裡，我認為是台灣社會必須學習做到的。最簡單的，先從食衣住行開始，一定規模、坪數的餐廳或連鎖店，應至少提供一個角落是推車可至的用餐區；廁所裝設可收起的更換尿布平台也不會佔用什麼位置；另外，如果連麥當勞都能改善兒童餐內容，那些親子餐廳也該換掉菜單裡的薯條熱狗了。

目前，我只在Uniqlo裡看見兒童遊戲區，那對爸媽來說幫助太大了，兩人可輪流陪孩子玩，不用擔心他們在店裡無聊到暴走。但平日出門時，人行道猶如推車障礙競賽，很難讓人不崩潰乾脆推著孩子走在車道上；好不容易上了捷運或公車，如果談天說笑接電話的成人可以安然坐著，我們是否也能換個態度，接受孩子在車廂內說話、大笑、唱歌、哭泣？難道，旁人看著孩子玩3C產品，會覺得這樣的安排比較妥當、比較讓人開心？

我老是聽到莫名其妙的指責：「那是寵壞孩子、教孩子不必尊重他人。」彷彿成人的耳朵多麼尊貴，容不下一絲非成人發出的雜音。這些人是如何長大的呢？他們年幼時，一直與世隔絕，直到有天突然能好好坐在餐廳裡用餐一小時，搭乘公車安靜不語嗎？還是他們早已忘記，自己也曾因為好奇發出驚呼；在興奮時喊叫、焦躁時哭泣，換來爸媽的責罵或巴掌，然後學習到，要假裝自己是成人，不是小孩，才有資格出入公共空間？

多麼希望我們的孩子不是在訓誡責罵中認識這個社會、適應這個環境，如果餐廳外拒絕幼兒的聲明，改成是對爸媽的友善提醒，幾本可讓兒童自由拿取的繪本、一桶積木，該有多好。

我們不必一開始就擔心，讓孩子出現在公共空間必然會撒野。作為父母，孩子發出的聲音，其實和你我差不多，加倍耐心的傾聽，更快速的回應，為他翻譯傳達需求，一次次拉長「練習」時間，有助他適應成人訂出的生活守則。作為人，一個獨一無二的人，我們必須開始想，那些和你不一樣的人，到底需要什麼協助與服務，才能一起好好生活著。

淑婷

PS 在此推薦由脊髓損傷基金會建立的APP「友善台北好餐廳」，有「輪椅嬰兒車」、「孕婦拐杖族」、「眼睛不方便」、「無障礙廁所」……等數種友善類型，大家也可以推薦居家附近的友善餐廳，不僅能便利他人，也能給這些餐廳一點鼓勵！

波蘭的親子電影院

「綿羊電影院」（Kino pod Baranami）是克拉科夫一家很有趣的電影院，經常放映藝術片、紀錄片和實驗短片。不過，它不只服務藝文愛好人士，也會放主流電影，並且貼心安排各種特別放映會，讓老人（「長青電影院」）、帶嬰幼兒的父母（「包尿布小羊電影院」）、兒童（「小綿羊電影院」）、學生（「學生通宵電影夜」），還有不懂波蘭語、但是看得懂英文字幕的外國人，都能開開心心看電影。因為這項友善兒童的政策，它每年都得到「友善兒童的空間」活動所頒發的證書。

自我兒子還在包尿布，我就十分覬覦「包尿布小羊電影院」的放映會。據說，放映的音量有調低，不會吵到小孩。電影院內的燈光維持半亮，讓小孩不會因為怕黑而哭叫。現場還有換尿布墊、給小孩躺著休息的枕頭、毯子，讓帶嬰幼兒的父母可以一邊育兒，一邊享受私人時光。但是，當我終於有時間和勇氣想帶兒子去看電影，才發現他已經大到不穿尿布了。幸好，我們還有專門放經典動畫（大部分是波蘭片）給小朋友看的「小綿羊電影院」。

和兒子一起去「小綿羊電影院」的那天，我們起了個大早，趕十點鐘的電影。

當我牽著兒子的手走進電影院，我緊張得半死。我很怕走錯地方，或者其他買票的觀眾都不是父母，現場不會有半個小孩，或當我的小孩高興尖叫時，我們會被其他人白眼……

但是這一切都沒有發生，我帶著兒子走進放映室，一眼就看到第一排座位前面擺了讓小孩休息的毯子、枕頭，而一群嘰嘰喳喳的小孩正跟在我們身後魚貫而入。我突然有一種莫名的感動——我好久沒有和人一起走進電影院看電影了，而且這個人是我的兒子，我們竟然能夠這樣自然、大方地走入一場特別為我們安排的放映會，而且旁邊還坐滿了和我們一樣的人。那種感覺非常愉快，我想對兒子來說也是，因為他後來告訴我：「媽媽，我們下次還要來。」

電影非常好看，是改編自波蘭兒童人權之父柯札克著作《麥提國王》的動畫，內容談的是兒童人權和兒童自治權；因為故事很有趣，兒子也看得很高興。放映結束後，我們還留下來參加免費的藝術工作坊。看著兒子自己使用剪刀（我很驚訝他竟然用得不錯！我之前都不敢給他用的）、自己選貼紙、自己決定要做出什麼圖樣，我有一種感覺：柯札克就在此時、此地，與我們同在。（蔚昀）

第3部

澆灌女人的心靈花園

TAIPEI

我們是怎麼樣變成媽媽的？

誰的家事，誰的家？

女人沒有理所當然比較會做家事，就算成為媽媽，這件事也不會改變。我只是去做家事，比較常在做，但不代表應該是我要去做。如果我真的做得不錯，也是因為我在意生活裡這些枝微末節。

蔚昀：

十年前的你，曾經想過自己會是現在這個樣子嗎？今早趁著老公陪兒子吃早餐，我嘴裡咬著吐司，趁空吸地板、收拾家裡，突然間心裡冒出了「媽媽真命苦」這個詞，我不是故意的，但那時候我覺得好累，只是多一個孩子，家事卻無性生殖成十倍，每天至少掃一次地板，才放心讓還是「半爬蟲類」的兒子在地上打滾玩耍；吃完早餐就開始想午餐內容，傍晚又滿腦子思考晚餐菜單，為了兼顧效率與美味，這幾天我們家餐桌出現了高麗菜蛋炒飯、紅蘿蔔馬鈴薯燴飯、炒米粉、台式炒麵，還有中規中矩的三菜一湯。

家事就是媽媽的工作？

我並不討厭做家事或煮飯，也敢保證我老公絕對稱得上好爸爸、好丈夫，家事他包辦一半以上，下班、週末都在陪小孩，但有時還是會生氣，例如老公愛問我，孩子該穿哪一件衣服？那件衣服放在哪裡？孩子早餐吃什麼？晚餐吃什麼？點心吃什麼？我勉強忍了幾次，最後終於忍不住回：「不要再問了！你不能自己判斷嗎？」而且即使我回答了一百次，他還是會問我一百零一次！因為那件事不是他「擅長」的事，所以腦袋無法記憶。

這讓我想到生孩子前，因為報社工作比較忙碌，每天上班前我會先洗切好蔬菜，老公下班後可以接手煮飯，靠著電話教學與網路食譜，炒菜煎蛋還難不了他。親戚知道了，一邊讚嘆這好男人不可多得，一邊說：「沒辦法，你工作比較忙嘛，他幫忙也是應該的，夫妻就是要互相。」

這句無心之語一直梗在我心頭，「他幫忙也是應該的」？我從來不覺得是誰幫忙誰，這是我們兩人的家啊！坦白說，在你我生活的這個年代，我們和班上男同學受一樣的教育，讀大學、考研究所，和男同事負擔一樣的工作量，我騎車、也開車，賺錢繳房貸，我和許多現代女性一樣，成長過程獲得和男性一樣的條件與資源，學到的事情裡不見得包括家事。

我沒特意學習做家事，只是憑藉著過去在家中生活的印象，盡所能地在自己的家庭中複製，不求完美，但至少要讓自己滿意。幾年下來，我知道哪種折衣服方式，能把衣櫃塞得剛剛好；如何同時使用電鍋、烤箱、瓦斯爐在半小時內端出三菜一湯；吸塵器無法清理的某些角落，一定要用掃把才能徹底清潔。我只是去做家事，比較常在做，但不代表應該是我要去做。

女人沒有理所當然比較會做家事，就算成為媽媽，這件事也不會改變，如果我真的做得不錯，也是因為我在意生活裡這些枝微末節。

男孩穿粉紅色是誰彆扭？

要拔除這種性別刻板的觀念，到底有多困難？讓我跟你分享一段話：「簡潔時尚的中性設計，容易搭配居家裝潢，小男生玩扮家家酒，小女生玩停車場也不彆扭」這是最近某位擁有廿多萬粉絲的部落客開玩具團購時寫出來的推薦文，這段話讓我忍不住怒火上心頭，到底小男生玩扮家家酒、小女生玩車子哪裡彆扭？是爸媽彆扭還是孩子彆扭？到底是誰在羞羞臉？

從懷孕以來，我就不斷被問胎兒性別，可是尿布、奶粉、奶瓶都沒分男用女用啊！若論購衣參考，哪位女性的衣櫃裡沒有藍色、黑色、咖啡色衣服，可是帶著兒子的我，總是被引導離開充滿花朵的粉色系衣櫃，走向另一排被藍色、黑色佔領的櫃子。

或許孩子對某些玩具的偏好，的確與性別有些關連，但爸媽的任務之一，不就是將整個世界盡量呈現在孩子眼前。你知道嗎？只要小男孩拿著車子玩，就會立刻有人說：「男孩子就是男孩子。」當女孩子跳上跳下、到處跑時，會被提醒：「怎麼像男孩子一樣粗魯調皮？靜靜的才像女孩子。」明明每個孩子都是獨一無二，玩什麼都不彆扭，他們從不彆扭，是成人在彆扭。

我的兒子皮膚白嫩，穿粉紅色、紅色特別好看，常有人提醒：「這樣好像女孩子喔！」

我總是輕鬆回應：「穿粉紅色氣色比較好。」或「這件衣服就是紅色才好看。」家人也很少干涉我給兒子穿什麼衣服。但有朋友告訴我，她的丈夫就是無法接受兒子穿粉紅色的衣服，雖然身為主要照顧者的媽媽也是衣著決定者，但畢竟有些長輩觀念非常傳統，自己若太過堅持，反而會引起長輩不快，造成家人困擾，所以她不再強力執行「性別平等」，而是慢慢得去靠近平衡點，畢竟溫暖的太陽比寒冷的北風更能打動人心。

鼓勵打破刻板印象

另一位擔任國小老師的朋友也跟我分享了「真實世界」，十多年前她就常聽到同事討論生男生女話題，大家總把「女兒就是生來疼的」、「生女兒可以好好打扮」這兩句話掛在嘴上，她曾忍不住問：「難道兒子不是生來疼的？兒子就不可以打扮嗎？」她得到的回答是，「那不一樣。」現在她所教導的學生，父母多是六年級後段班、七年級前段班，但這些狀況依舊沒有改變。

她發現，性別刻板印象是自小開始塑型，一年級的孩子大多已經根深蒂固了，要花很多很多時間和孩子討論，孩子的想法才能有一點改變，了解男女生其實沒什麼不同。這樣的現實世界聽起來很辛苦吧？但她說：「不是每個人都可以不彆扭的面對孩子的獨特性，如果原本是二分法的人願意嘗試改變，我覺得我們可以給他們一點鼓勵。」

這段話點醒了我，下次店員向我推銷時，我會告訴他，兒子穿什麼顏色都很適合，當長輩朋友要送玩具時，我會請他們多樣化的選擇，讓兒子有機會全面探索這個世界。兒子會跟著我一起做家事，陪著我煮飯，而那些時候，爸爸通常也會在我們的身邊，因為家事是全家人的事。

期待所有美麗的顏色與好玩的玩具，都能還給所有的孩子，無論男孩女孩，都能被爸媽竭盡心力的愛著。

淑婷

KRAKÓW

我們是怎麼樣變成媽媽的？

我不是生來當母親的

我越是努力讓丈夫和兒子覺得舒適、方便，自己就越來越疲倦、不快樂、脾氣暴躁。本來我以為只要我犧牲奉獻，我們的距離就會拉近，但是後來我們卻離得越來越遠。

淑婷：

讀著妳的信，我不禁想起「Matka Polka」這個詞。

「Matka Polka」就是「波蘭媽媽」。在刻板印象中，「Matka Polka」是那種全能的家庭主婦，什麼都會、任勞任怨，去買菜總是一個人拎回大包小包，回到家可以一邊哄小孩、一邊變出給全家人的午餐，然後晚上會溫柔地念故事給小孩聽，在深夜洗衣洗碗，這樣上了一天班的老公就可以好好休息，不用為家事操煩……

從「兩個人的事」到一手包辦

結婚生小孩前，我從來沒想過、也沒期許過自己會變成「Matka Polka」。正好相反！我一開始就跟老公說，我們要一起做家事，尤其我們都是在家工作的SOHO族（我有一段時間還去大學教書，有時候要很早出門，有時候則很晚回家），更沒辦法拿上班來當不做家事的藉口。

新婚那一陣子，應該是我最快樂的日子。我和老公輪流煮飯、打掃，有時候上了一天課，從外面回來看到家裡廚房燈是亮的，窗戶上還有霧氣，走進家門，就聽見老公招呼我吃飯（他其實廚藝很不錯啊），那種感覺真是幸福。

然而，等到小孩出生，夫妻分攤家事的日子就像電視劇《犀利人妻》說的一樣：「可是瑞凡，我回不去了。」在此要說明一下，這並不是瞬間變天的一次性事件，而是潛移默化、溫水煮青蛙的過程。一開始，是無心機的夜奶和陪睡（為了讓小孩、我和老公都輕鬆點），後來，老公漸漸不再哄兒子睡覺，之後，老公幫孩子洗澡的次數越來越少（確實，長大後不用兩個人抱），然後，他也變得很少下廚、洗碗……

等到我發現自己一失足成千古恨的時候，我已經包辦了大部分的家事（但是，我的工作量並沒有減少！），老公則多半在我外出、生病，或者是我好言好語要他去做，又或者是我邊哭邊吼「我累死了，我做不到了！」的時候，才會去做家事和顧小孩。很多時候，也像你說的一樣，會問東問西，要一個指令才會有一個動作。

到底為什麼我會從一個自認沒有刻板性別概念，覺得家事和養小孩是「兩個人的事」的女孩，變成一個不等別人開口就把家事和孩子往身上攬，還覺得自己這樣很堅強能幹的媽媽呢？我想，一個很重要的原因是外在的無形壓力。波蘭和台灣都是很傳統保守的社會（也許妳很難相信，但是波蘭在家庭價值觀方面比台灣還要傳統保守），雖然現在要顧及政治正確，很少人會大聲說出「啊女人追求自己的事業ＯＫ，但是前提是家庭要顧好」這種話，但是妳就是可以感覺到這種氛圍，彷彿有人拿著一把看不見的尺在檢視妳的所作所為。

我不是生來當母親的

我曾經向我媽抱怨：「當媽媽好辛苦喔！」很遺憾，我媽不知道我只是在撒嬌討拍，反而實事求是地（沒辦法，她是科學家）對我說：「當媽媽本來就是如此啊，妳自己選的，就要歡喜作，甘願受。」我婆婆的回答更讓我無言，當我告訴她，她兒子不知道怎麼當爸爸時，她則說：「沒辦法嘛，他是男人，他沒學過，和我們不一樣啊。」

就像「他幫忙也是應該的」一直梗在妳心頭，「他沒學過，和我們不一樣啊」也有如一根嵌進我肉中的刺，讓我不時隱隱作痛。什麼叫做他和我不一樣？我小時候也沒學過、也沒人教我要怎麼當一個媽媽（雖然我會玩芭比，也喜歡粉紅色）。如何給小孩洗澡、如何唱兒歌、如何在他歇斯底里尖叫亂跳時，還能冷靜地安撫他，伸出手給他抱抱秀秀，我也是在當了媽媽以後，才費盡辛苦、吞盡血淚學來的啊。

就像馬尼尼為的書名《我不是生來當母親的》（好巧，在寫這封信時我剛好看到妳訪談她的文章），我也不是生來就注定當女人、妻子和媽媽的。每個媽媽都是慢慢養成的，在這過程中我們必定會遇到許多挫折，也會有灰心、迷失、覺得自己怎麼做都不對的時刻。這時候，我們需要的是別人的支持鼓勵，而不是把我們所做的好事都當成理所當然，所犯的錯都視為「明明妳都知道該怎麼做，卻還一錯再錯，真是不可原諒」，或是給我們更糟糕的指責「不會教就不要生啊」。

愈犧牲，與家人的距離愈遙遠

不過，除了外在的壓力，已經內化的完美主義也很恐怖。我並不覺得我是真心擁抱完美主義的，因為如果是那樣，我就不會那麼痛苦。我很討厭聽到別人說：「妳的問題就是因為妳給自己太多壓力了啦！別人都沒有給妳壓力，是妳自己自尋煩惱！」（令我抓狂的是，有時候我父母也會說這種似是而非的話）我沒有受虐狂，我希望自己處處完美、對人總是客氣友善、為別人著想，其實是因為我內心深處有著害怕不被人喜愛、不被人接受的自卑和恐懼。每當我想要拒絕別人，或是想要開口尋求別人的支持時，它們就會跳出來威脅我：「嘿，不可以喲，妳這樣沒有人會想跟妳在一起。」

當一個完美媽媽的壓力真的好大。我越是努力讓丈夫和兒子覺得舒適、方便，自己就越來越疲倦、不快樂、脾氣暴躁。本來我以為只要我犧牲奉獻，我們的距離就會拉近，但是後來我們卻離得越來越遠。最近我開始反省這件事，也慢慢在學習如何接受別人的支持（而不只是給予或強塞給別人支持，不管對方需不需要）、讓人照顧（連我兒子都會照顧我喔）。這樣，我真的感覺好一點了。

我贊同妳說的：「期待所有美麗的顏色與好玩的玩具，都能還給所有的孩子，無論男孩女孩，都能被爸媽竭盡心力的愛著。」是啊，不管男孩女孩，都有被愛和愛人的需要。

即使是長大變成照顧人的爸爸媽媽了，還是會想要被人呵護。我真心希望在我們家，不管男人女人還是男孩女孩，都能自由自在地同時堅強與脆弱，同時強悍及溫柔。這樣的結合應該是可能的，就像我兒子喜愛小汽車也喜愛Hello Kitty，我老公喜愛花襯衫也喜愛西裝，我喜愛迷你裙也喜愛寬鬆長褲一樣自然。

蔚昀

當兒子被誤認為小女孩

今晚，我們要帶著快三歲的兒子和親友聚餐，和他一一介紹會遇到哪些人時，他想了想，問：「他們會說我是女生嗎？」

去年夏天後未再剪髮的他，現在髮長及肩，額頭前一排瀏海，常被誤認是小女孩。有些人看了幾眼，遲疑的問：「是男生還是女生？」有些人開口就說：「好可愛的小女生！」搞不懂「男生、女生」意思的兒子，總是大喊回應：「我不是男生，我不是女生，我是澄澄（我們對他的暱稱）！」

三歲的小孩外表特徵本來雌雄莫辨，略長的頭髮加上中性顏色的穿著，讓這樣的狀況越來越多。即便我們解釋了他是男孩，偶爾也難逃親友的逗弄，「是嗎？你好像女生喔，我看你是女生吧？」

總有親友建議，「直接帶去剪髮不就可以減少這些誤會了！」我們其實常常問孩子，天氣熱了要剪頭髮嗎？不想綁頭髮要剪頭髮嗎？討厭被說是女生，要剪頭髮嗎？你想和爸爸一樣短頭髮？還是像媽媽一樣呢？他總是回答：「我想跟媽媽一樣。」「我想要有尾巴（馬尾）。」

我們決定尊重兒子的決定，並盡量和親友溝通，不要問他是男生女生了，他無論短髮長髮、無論想穿褲子或裙子，也都是同一個好孩子。為此，我們還建立了一套對戰手冊，無論他人怎麼問或逗弄，一概直接回答：「我是澄澄。」意思就是，我是男生女生都不重要，我就是我，長髮和短髮，都不重要，我就是我喔。

十六年前的四月二十日，那時我還不是媽媽，只是一名高中生，有個小我三歲的國中男生死在學校廁所裡，過了很多年後我才知道這件事，他叫做葉永鋕。

溫柔、氣質與其他男學生不同的葉永鋕，被同學霸凌，他曾被迫脫褲子「驗明正身」，所以他很怕上廁所，只好提早於下課前幾分鐘上廁所。但他這樣做，最後仍得到倒臥廁所血泊的悲劇。有些人將葉永鋕的死歸因於校園安全問題，其實這更是性別問題：沒有人應該因為自己的性別特質、外貌特徵，遭受歧視，甚至被欺負至死。

那些關於性別特徵的遊戲、逗弄、取笑一點也不好玩。我兩歲多的兒子還不懂成人口中「我看你是女生吧？」的揶揄口氣，就已經感到難受與抗拒，十多歲的少年自然聽得懂，會感到恐懼、不安、被羞辱。

要去除性別暴力，這個社會必須先反思「男子氣概」的概念從何而來？取笑「娘娘腔」，對女性氣質的貶抑，不正也是對女性的歧視嗎？

我希望的是，無論我們的孩子性別特質如何，是和眾人無所差異，或者與眾不同，都能不被歧視、嘲笑、質疑，那會是一個真正接納多元性別的友善環境。（淑婷）

KRAKÓW

自己的房間

媽媽能有「自己的房間」嗎？

每一個女人，都需要一個想像的房間。這個房間的建材可以是寫作、畫畫、烹飪、漫畫、運動、高中同學會……只要是能讓女人稍微、暫時脫離她原本所屬的生活，讓她忘了她是某個人的太太／媽媽／女兒……而是只和自己相處。

淑婷：

提筆寫這封信給妳的不久以前，我剛度完一個「長周末」。我們讓兒子禮拜五不上學，禮拜四下午就坐車到波蘭南部一個靠近捷克的邊境小鎮。我們在那裡拜訪了一家獨立書店，在一個曾經是圖書館和馬廄的咖啡廳喝茶吃蛋糕，又走到捷克晃了晃，然後悠閒地待到禮拜天才回來。

我在小鎮上心情好放鬆，連困擾我許久的胸悶和倦怠感都消失了。正當我以為已找回元氣、可以重新出發，以新的姿態面對生活時，壓力反應卻在客運開到克拉科夫附近時開始蠢蠢欲動，然後在我們進入市中心時，我的胸悶感覺又回來了，而且還加倍奉還。

到底為什麼會如此呢？我想，我和很多人一樣患了「職場倦怠症」。只是，我的職場不是辦公室，而是家裡。家是我寫作、趕稿、處理工作 e-mail、帶小孩、煮飯、和家人相處的地方，它是讓我可以躺下來休息的乾草堆，也是不停發出蒸氣、要求我勞動的怪獸機器。

我喜歡待在家裡，又常常想要不顧一切逃出去。在這種時候，我總會想起電影《時時刻刻》裡面，那個演活逃家媽媽的茱莉安·摩爾，以及好幾年前，朋友寄給我看的電影劇本中，那個有一天突然無緣無故失蹤的年輕媽媽。這兩個媽媽都看起來這麼地好，甚至好到有點平凡無奇、理所當然，直到她們消失不見，他們的家人才發現沒有她們的生活是怎麼樣的一場災難。

想像一個「自己的房間」

諷刺的是（或者該說，令人難過），對這些逃家的媽媽來說，她們的生活在她們逃走之前就是一場災難了（如果不是，也不需要逃走？）。因為，她們如此盡心盡力地扮演「好媽媽、好太太」的角色，鞠躬盡瘁到失去了自我。到最後，她們的面孔幾乎消失在那白色的面具中（我又想起馬尼尼為說的，那把她人生覆蓋的白了）——直到她們硬生生把面具撕下來。然而，那樣做的同時，她們也撕壞了自己的臉，撕壞了和那張臉連在一起的，家人的臉。

我並不覺得我需要一了百了地逃家出走。也許有些女人適合、並且需要一個人生活，而不小心或被迫走入家庭，對她們來說真的是悲劇。我不是那樣的女人。我知道我無法完全一個人生活，我需要家庭的溫暖，但我也知道自己需要獨處的時間和空間，就像吳爾芙筆下的「自己的房間」，讓我可以寫作、放鬆。

如果這位英國女作家的名言「女人要寫作，一定要有錢和自己的房間。」成立，我應該是不可能寫作的。但我依然相信一個自己的房間是可能的。而且它正是從這不可能的寫作中誕生，像是充氣房屋一樣，可以讓我在任何自由獨處的時間入住，可收納、隨身攜帶、不用打掃（這是重點）、不必付額外費用。

也許每一個女人，都會需要一個像這樣的想像房間。這個房間的建材可以是寫作、畫畫、烹飪、漫畫、運動、高中同學會……只要是能讓女人稍微、暫時脫離她原本所屬的生活，讓她忘了她是某個人的太太／媽媽／女兒……而是只和自己相處。

我想要像童書《朱家故事》中那個媽媽，離家出走回來後，老公兒子已經開始積極參與家事，而她也學會了修車。或者像《好女人，翹家去》的瓊．安德森說的那樣，可以透過離家和自己相處的時光，完成抽離、修復、重拾、重組、再生、重返。

學習放下一切的獨處

但是，現實（或者說，我的現實）總是比書本來得坎坷。首先，獨處對我來說是一件非常困難的事（雖然我需要它）。再者，放鬆對我來說是比獨處更困難的事。雖然沒有外在原因阻止我離家去放鬆（每次我說要出去透氣，我老公就說：「妳去吧，我會帶小孩。」），但是我經常在快要出門時臨時煞車，改變主意說我不去了（然後晚一點就會因為壓力太大、加上疲累而發脾氣），或是出了門卻是帶電腦出去寫東西（寫作雖然是愉快的，但也不輕鬆）。

打開電腦的強迫性行為，也發生在小孩歡了一天終於睡去的深夜時分。當我有時間空間喘息，我不用來睡覺，反而用來工作、寫作、上網回 e-mail、看新聞、臉書……我明明知道這樣子不好，但是有時候就是無法自拔。因為會捨不得去睡啊。這應該和孩子很想睡了卻一直歡，因為覺得睡覺好可惜的心態是一樣的？

目前，我最可以安心放鬆的時光，是我一個人帶孩子出門的時候。因為必須一個人照顧孩子，我就不會強迫性工作，而且會把任務簡化，不會想在一天內完成好幾件事，也不會想一定要完成某件事。很多時候，當我把某一天的目標訂為「去某某咖啡廳吃蘋果派，看自己想看的書，放鬆」，但是最後卻沒有吃到蘋果派，或沒有感到放鬆，我就會覺得挫敗。但是，那樣子我就是把放鬆當成一種義務或工作，反而一點都不自在了。

和兒子一起出門，可能是因為我沒有那麼多時間心力想自己，所以我反而比較自在。昨天，兒子睡過頭沒有去幼兒園，我們就一起去省立圖書館還書、辦借書證給他（他好高興，一直說這是他人生的第一張卡！）、在省圖的兒童閱覽室看書、玩車車、玩積木、拼樂高（那個閱覽室裡面有好多東西可以玩，發出聲音也不會有人來說「噓！」）……就這樣混了一兩個小時。

他在地上玩的時候，我就坐在沙發上發呆、看書、寫寫東西、想未來的計劃。我還是沒有很放鬆，但是已經比平常的我放鬆多了。這樣放空或半放空後，我覺得有了力氣回去面對每一天的生活。

希望，我可以有多一點的機會和意願來到自己的房間，並且可以不只在這裡寫作，還有學習放空，學習靜靜地坐著，什麼都不做。

蔚昀

TAIPEI

自己的房間

媽媽沒時間也沒空間

當小孩一離開家裡，同樣混亂的家卻讓我感覺全身舒爽，我打開電腦立刻流連臉書，再拖拖拉拉打開稿件，看稿同時，我還塗起了指甲油，放了五月天的歌回味青春。啊！這就是寶貴的個人生活，就是當媽媽後我渴求已久的個人空間……

蔚昀：

是冬季的緣故嗎？從十二月開始，我也掉入了深深深深似海的低潮，每天都感到疲倦無力。明明睡眠時間拉長了，生活裡卻失去目標，想做的事情沒時間做，正在做的事情又做不好。

我想到日本的五月病，因為開學季與就業季在四月，若無法適應生活的巨大變化，就可能患上五月病（也被稱為「季節性懶惰症候群」），一切都提不起勁。我想，我們兩個大概適用十二月病、一月病吧！而這個時間點，不正是在寒冷的冬夜，獨自默默消化累積的稿壓，靈感無幾卻要拚命擠字的心焦所造成？

上週，我快崩潰了，忍不住跟老公說：「你試試看每天帶小孩出門玩，煮飯，晚上哄孩子睡後，十一點再爬起來工作，我過這種日子已經兩年了！」雖然我知道這一切與他無關，但只要一週就好，有人代替我的角色一週就好，我渴望有人經歷我日復一日的處境，真正的理解我生理上的疲憊與心理的煎熬。

我不要再聽到「加油」或「辛苦了」，我只想回到兩、三年前，在辦公室聽著音樂邊寫稿，七點下班到鄰近的餐館吃飯，開車回家，梳洗後躺在床上看本書或看韓劇直到睡著。

媽媽渴求的個人空間

那時我有一張自己的辦公桌，抽屜裡面裝滿了其實不會再拿出來的資料，堆積在桌面的書本與文件一碰就倒。選擇辭職接案工作後，我們買了一張大桌子，除了筆記型電腦，旁邊零散放了當月幾本雜誌、採訪資料。現在仍然是這樣，不同的是，小孩醒著的時間，我幾乎沒辦法打開電腦，只有像現在夜半時分，小孩與老公、貓狗齊昏睡，我才能一邊聽著落雨聲，一邊寫信給你。

我連用耳機聽音樂都不敢，深怕沒能注意到兒子翻身哭醒找媽媽。

回顧當媽媽的頭兩年歷程，實在超累人。暗黑職場算什麼，那些卑鄙的老闆與推卸責任的同事，總能下班說再見；生產又算什麼，十多個小時痛完就結束了。只有當媽媽是無窮無盡的折磨啊！大多數的時間孩子都纏在身上，抱著揹著背都駝了、手也粗了，而且不管是夏季高溫還是寒流報到，都要帶著孩子出門消耗精力。

在房貸的壓力下，我無法當個專心育兒的全職媽媽，一週內有兩天，我和老公必須分頭處理狗與小孩，七手八腳地把嚎啕大哭的兒子送到娘家，然後兩人各自趕往工作地點。傍晚回到家，我煮飯、隨手做家務，老公下班順路接孩子回家，接著一路忙到把小孩送上床，關上房門前還得交代老公拖地，然後當他累得像條狗爬上床時，我像另一條更累的狗起床寫稿、回信，而我們家真正的狗早已呼呼大睡。

有天，瀕臨崩潰的我央求老公一早就把小孩送回娘家。當小孩一離開家裡，同樣混亂的家卻讓我感覺全身舒爽，連樓下鄰居的談話聲都顯得悅耳，我打開電腦立刻流連臉書，再拖拖拉拉打開稿件編輯，看稿同時，我還塗起了指甲油，

放了五月天的歌回味青春（小孩在家時只能聽他指定的台語童謠）。啊！這就是寶貴的個人生活，就是當媽媽後我渴求已久的個人空間，難道孩子他爸每天都這麼快樂的去公司上班？

「半媽半X」的生活

這一年來，我經歷的危機是家庭主婦與職業婦女的兩倍。蓬頭垢面、穿著睡衣就急忙出門工作，和老公天天吵架，看老公不順眼到連聽他說話的方式都厭煩（老公對不起），而老公為了安撫瘋顛的太太，即便下班累得要死，還要晚睡早起扛起家事、遛狗、準備早餐。這樣的日子一天天過了，好像也沒什麼問題，但我感覺生活像是一顆未爆彈，有種緊繃到快崩潰的痛感。

我不得不去思考，在「理想的自己」與「可以做到的自己」間拔河。但我好喜歡現在做的每一件事，我喜歡每天陪在孩子身邊，看著他翻身、拍手、爬行、學站，喜歡採訪帶來的生活刺激（還有收入）。原來試著當一名保有自我空間與夢想的媽媽好難。

這兩年「半農半X」很紅，我們兩人應該算是「半媽半X」，不知道你是否跟我一樣，每一天睡前的感觸都是，「啊，總算結束了。」

我覺得每一天都過得好漫長，但其實生活很匆促；做家事想快一點，上廁所也想快一點，吃飯變得更快了，化妝的心思沒了，只有時間擦擦乳液，寫稿也想快一點，但還是一樣慢。

我還是想要好好寫些喜歡的稿子，想要花上兩小時好好做頓晚餐，想要幫每隻貓梳梳毛，想跟家中的狗豆豆玩場拔河遊戲，想要專心聽老公說些叨叨絮絮的無聊話，想要自己帶孩子，親自帶著他一天一天生活，因為唯一我希望慢一點的，是孩子的成長，他長得實在太快了，每天都讓我驚嘆，我好怕這陀螺似的生活，一天天轉了下去，他就突然長大了。

所以我的做法跟你一樣，在每週陪他共學的兩個整日、週末全家共處的日子裡，我什麼也不做，就是跟他玩、陪他玩、看著他玩。其實，讓自己蹲在沙地上幫孩子挖出一條土溝，好讓一整排小車子前進，或者幫孩子在浴盆裡設法以最少的沐浴精製造最多的泡泡，是件很療癒的事。

什麼都不想，什麼都不做，我覺得蠻難的，幸好兒子幫了我一把。

不過我還真希望一天能有三十六小時，或者是當兒子睡著的時候，分秒的前進能變成慢速兩倍。

淑婷

友善育兒的職場

二〇一六年三月，立法委員余宛如提案修改《立法院議事規則》，希望增加「出列席委員及政府首長之三歲以下嬰幼兒，有餵哺或照顧之需要者，不受前項之規定。」網友評論一半叫好，一半則是批評如潮水。孩子哭了怎麼辦？跑來跑去怎麼辦？立委過太爽？不如回家帶小孩！

這次的新聞引起各方討論友善育兒職場究竟是什麼，也再次看到台灣社會如何忽視親職教育，以及母職被忽視。我不禁想問，媽媽帶著孩子去工作是「過太爽且不專業」？

台灣女性勞工權益長期受到歧視。許多有了孩子的婦女只敢放一個月的產假、以離職為前提才敢請育嬰假，育兒的同時戰戰兢兢，擔心工作上表現一有意外就是「仗著是媽媽就不專業」。

一位上班族媽媽道出心聲：「當你總是蓬頭垢面，匆匆忙忙不打扮，當你要早退因為孩子生病，當你為了冗長的會議火大，因為浪費時間我要回去陪小孩，當你總是準時下班不能配合加班，也不能配合出差，老闆同事都討厭你，還覺得你享有特權。」

不只是女性需要友善育兒職場，男性的育兒需求更長期被忽視。許多人抱持著「我工時長只能托育，所以你們也別想過太好」的心態，或是根本沒發現「無法親自育兒、教育外包」有任何問題。**為什麼不是換個角度，大家一起要求政府，讓人人都可兼顧工作與養兒育女。**

我同意家長可以折衷，或是找出更適合自己、也適合帶著孩子的工作，但不認為非兼顧兩者不可。這世界上有非常多工作，是從業者犧牲陪伴孩子的時間才能做到，例如治療急重症的醫生，研究室工作者、廚師、教師……等等，每一個工作狀態都不同，需要的專注程度跟環境包容度也不同，帶給社會的貢獻與成就都值得重視，他們自己也許也做得愉快很有滿足感。

我的想法是，不是讓孩子跟著自己工作就是友善育兒，而是讓想和孩子一起的人能找到合適的工作，但想好好工作的人能享有放心的托育環境資源，其中也包括互助育兒模式的可能。

有些人認為，父母親應該盡量跟孩子在一起，或是以帶孩子作為自我實現的方式，不過有些人就是無法辦到。讓父母擁有開放的選擇，無論是自學、共學、帶著小孩工作、居家生產等等，擁有讓人安心選擇的自信，我覺得很重要。

我正是一個常常為了帶小孩失去好採訪工作的記者，對我來說，那是遺憾但沒辦法的選擇。我清楚明白我是為了什麼犧牲，也明白親自陪伴孩子帶給我的滿足，我接受，但我也失落。我想，我的自我實現不只在家庭裡。（淑婷）

我的媽媽與我

媽媽讓我決定成為另一種媽媽

養孩子的這兩年，我常常會想起自己的童年。我以為自己能摸清楚媽媽的稜角，盡量不讓彼此碰撞受傷了，我以為長大後一切會好轉，但其實沒有。當兒子未來回想起童年的點點滴滴，是否也可能感受不到我對他的愛？

蔚昀：

最近我認識了兩個很有意思的人，一定要好好跟你分享。

一位是作家馬尼尼為，她的《我不是生來當母親的》這本書裡，描述了自己對母職的抗拒與自我懷疑。當然她很愛她的孩子，而且照顧的非常好；她親自照料三餐、幫孩子穿衣、陪孩子睡覺，輕聲說話，但她形容，自己的母愛是被逼出來、榨出來、擰出來的。

馬尼尼為這種媽媽在台灣是非常少見的，如此直白敘述自己成為母親的不安與無奈，雖然每一個媽媽都會抱怨帶孩子有多難多累，但最後總不忘加上一句「不過我好愛孩子」，或許是安慰自己，或許是安撫他人，總之，當媽媽就是要勇敢堅強，沒事的！

媽媽像不定期爆發的活火山

可是我知道，沒有人能整天笑嘻嘻帶孩子。我開始讓兒子戒夜奶的時候，當他半夜三點轉醒時，發出低低的嗚咽聲，我會先遞上水杯，等他喝完了水，再問他：「要拍拍睡？還是抓抓背？」通常他會放聲大哭喊：「ㄋㄟㄋㄟ！」我只能一說再說，「ㄋㄟㄋㄟ也在睡覺了，天亮了才有。」有時他會接受，選擇拍拍或抓背，有時會堅持哭鬧一陣，直到筋疲力竭的睡著。

那些夜裡我一直在想，我媽常常對我生氣，其實也不算什麼，因為我小時候也是這樣折磨著她啊！但我也會想，媽媽那時候，是否也像今日的我，對懷中嬰兒展現出無盡的疼愛與柔情？如果是，為什麼現在我不再覺得自己是那樣被媽媽愛著了？

我從小就深刻感受到，媽媽的情緒是如何影響家庭氣氛。對我來說，她就像一座不定期爆發的活火山，開心時，有說有笑，逛街吃飯

都好玩；若臉一沉，全家氣氛就跌到谷底。大學住宿對我來說是種解脫，帶點距離的相處模式讓我們關係有所改善，但也曾假日回家，一入門就感受到那種熟悉到令人害怕的陰暗氣氛，草草吃了飯，藉口學校有事，我又逃走了。

直到我現在成為媽媽，每次回娘家時，我還是習慣先觀察她今天心情好嗎？等一下會不會刮起龍捲風？她看起來情緒不佳，是不是我哪句話不得體？或是家人又讓她失望了？我從兒子出生前就不斷提醒自己，成為一名情緒穩定的母親，即使生氣，也不要毫無預兆的發怒，我要明確告訴孩子發生了什麼事。雖然每個人的成長過程無法重來，但我希望藉由陪伴兒子成長，療癒我內心的傷痕，因為他比誰都信任我，比誰都愛我。

修補與媽媽的關係

寫到這裡，要跟你介紹我認識的第二個新朋友 Emily，她在散文作品《陳明珠愛我》裡描述的狀況深得我心。陳明珠不是她的孩子，是她養的四隻貓裡最年幼的貓。Emily 和四隻貓擁有四段獨立又相異的人貓關係，她發現長得漂亮又親人的貓，也比較容易被疼愛，而家裡最孤僻的那隻貓美咪，常被她嫌棄：「鬼鬼祟祟、有被害妄想症，是隻很怪的貓。」

某天她才醒悟，她與美咪的關係，就像是媽媽與她。她花了很多年才明白，儘管大家都說媽媽愛孩子，但孩子個性不同，有的親人，有的害羞，有的生性彆扭，而自己剛好就是和媽媽不對盤的那一個孩子，或許是因為八字、星座、個性，總之就是無法和媽媽親近，但這不能怪她，也不能怪媽媽。所以 Emily 決定更加疼愛美咪，因為媽媽與她相處的模式已經難以改變了，但她可以改善自己和貓的關係。

我完全能理解 Emily 有這番體悟時的難受，還有那之後的豁達，因為我也知道自己是三個孩子中，最不討媽媽歡心的那一個。媽媽個性強勢，我也是，常常順口反駁她的話；當她抱怨工作時，也許她渴望的是同仇敵愾，但我建議她直接與主管討論，改善工作環境；當她羨慕親友旅遊或子孫滿堂時，我質疑她為什麼看不到自己生活的美好與價值；當我意識到換個答案可以討好媽媽時，媽媽已經毫不掩飾的給我白眼，或是選擇充耳不聞。原來這些我從小就常面對的拉鋸，始終沒有結束過。

我很努力想當個好媽媽，卻不知道怎麼當，因為當我回想起與媽媽的互動時，還是感到手足無措。離家生活的這十年，我結婚生子，找到自己喜愛的工作，滿意現在的生活模式，我以為重建好自己了，但只要媽媽的一句話，我就會被擊倒，羞憤交加的情緒立刻湧上……

朋友勸我，對媽媽只能感恩，與其想著改變她，不如改變自己。我試著想像媽媽的心情，對我來說辛苦，對她來說何嘗不是？我自覺是非常害怕沒有愛、容易寂寞、質疑的人，從小我就覺得不被寵愛，哥哥是家中寶貝，最早出生的姊姊佔據家族的目光，我常常被說是「意外」，媽媽習慣把「沒有你就好了」當笑話說，也幾次帶著我到菜市場一角，說在那裡撿到我。最讓我難過的是，過年前媽媽為哥哥買新衣時，我也有，卻是一邊罵我浪費愛花錢時買下的，每次穿上那件衣服，我都記得那難堪的時刻……

養孩子的這兩年，我常常會想起自己的童年，有許多快樂的回憶，和那些其他的。我以為自己能摸清楚媽媽的稜角，盡量不讓彼此碰撞受傷了，我以為長大後一切會好轉，但其實沒有。有時我更擔憂的是，未來某一天，當兒子回想起童年的點點滴滴，是否也可能感受不到我對他的愛？

我知道，我的生活方式不一定是對的，媽媽與我不同不見得就是錯，孩子做出與我期望不同的麻煩事時，也是相同道理，沒有人是絕對正確的，例如孩子就比我明白，不要生氣太久、不要記恨的道理。

我還是試著在這條育兒的路上，療癒內心的傷。孩子所有讓我討厭不耐的舉動與缺點，我都試著從他的角度重新理解，有時候成功，有時候失敗，我還是會生氣，但衝突過後，我們互相擁抱道歉，我們練習愛彼此的缺點，學習去接受愛的每一個樣貌。

我不能改變我媽媽了，但我能決定自己成為什麼樣的媽媽。

淑婷

我的媽媽與我

完美的母親令人害怕

我就是無法二十四小時都當一個好媽媽，尤其在我感到脆弱、疲倦或生病的時候。奇妙的是，當我開始接受「我無法一直都是好媽媽」，我也比較能同理我媽媽，並且在心裡原諒童年時她對我的不耐、忽視及拒絕。

淑婷：

謝謝妳這麼坦率地和我分享妳的媽媽故事。很巧，我最近也常常想到我媽媽、想到我自己——也就是她的女兒，同時也是另一個人的媽媽。我經常在這樣的時刻想起她：在我跟我兒子說：「不可以這樣子，這樣很危險，要是怎樣怎樣，你就沒有了，就看不到媽媽了」或是「不要吵我，我在做事情／工作／忙」。尤其是後者，當我看到兒子落寞地癟著一張嘴離去，自己跑到旁邊玩的時候，我的心都會抽痛一下，然後想：小時候，當我聽到我媽

媽拒絕我，一定也是這樣寂寞吧。

但是，我又能怎麼樣呢？即使我再努力地要自己有耐心，要多陪他玩，不要總是拿「做事情／工作／忙」來當藉口（也不完全是藉口，有時候我真的很忙，要一邊煮飯洗碗一邊照顧他），我還是無法避免這樣的時刻。有時候，我就是對他沒有耐心，就是不想跟他玩，就是無法滿足他「現在就要」的需求（小孩子的「現在就要」真的很恐怖，如果得不到，他會一直「現在現在現在」下去），有時候我就是很累，就是很想一個人獨處放鬆一下（不管是發呆、看書、上臉書都好）。

我就是無法二十四小時都當一個好媽媽，尤其在我感到脆弱、疲倦或生病的時候（最近我和兒子都感冒了，一連好幾天我們都整天待在家裡，兩個人大眼瞪小眼，不覺得煩真的很難）。奇妙的是，當我開始接受「我無法一直都是好媽媽」，並且開始跟他說：「媽媽也需要有自己的時間，等下再陪你玩。」的時候，我也比較能同理我媽媽，並且在心裡原諒童年時她對我的不耐、忽視及拒絕。

媽媽是不可捉摸的冰山

和妳記憶中經常情緒不穩、暴怒的媽媽不一樣，我記憶中的媽媽很少對我發火，也極少打人。她對我採取的教育方式是很開放的，對我沒什麼要求，也沒給我什麼壓力。別人的父母都會要他們考第一名，長大考上一個好大學，找個好工作等等，我父母卻跟我說：「快樂就好！」

從某方面來說，我媽媽是完美的母親，她真的幾乎是不打不罵不威脅，也不要求。但是從另一方面來說，這樣的母親很可怕。至少，童年的我是怕她的（雖然這種恐懼是深藏在潛意識中），**我從來都不知道她腦子裡在想什麼，是真的高興，還是隱藏著怒氣。**

雖然我媽媽很少在我面前生氣，這並不表示她沒有憤怒的情緒。她會因為我在超市拒絕幫她提東西（我那時好累只想趕快回家，她卻覺得既然經過，就要順便買個東西），而在一路上對我生氣，不跟我講話。即使我已經道歉，說要幫她提，她卻頑固地堅持自己提（我愧疚死了，我媽媽明明有手痛的老毛病啊！）。

或者，我媽媽也會為一些我覺得莫名其妙的事生氣。比如，小學四年級時我告訴她我和同學約好出去逛街，她卻因為我「先斬後奏」（沒有請示她就答應）而生氣，不准我去。另外一次，有人送我們一盒油飯，我想帶到堂弟家去請他們吃（堂弟是我兒時最好的玩伴），媽媽卻生氣地說我「都對別人好，不知道對家人好」。後來的結果也是我感到愧疚，拼命道歉。

如果妳母親對妳來說像是一座不定期爆發的活火山，我母親之於我就像是不可捉摸的冰山。她那些偶發的、沉靜的憤怒，讓我感到十分恐懼，每次都會想：「怎麼辦，媽媽會不會因此不愛我？」為了不要失去她的愛（也許這恐懼只是想像出來的，但對當時的我來說是真實的），我總是很乖很聽話（這是在青春期以前，青春期以後我就開始叛逆了），小心翼翼避免惹她生氣，甚至打破了盤子，都會嚇到哭出來，一直說：「媽媽，妳不要生氣……」儘管她告訴我，她一點都不在意。

學會擁抱情緒

我媽媽到底為什麼會變成這樣的人？為什麼會如此壓抑自己的情緒（其實她不只會壓抑憤怒，也會壓抑她欣賞我、以我為傲的正面情緒）？我的猜測是，這可能和我外婆的個性有關。我外婆是個對兒女要求很高的鐵娘子，小孩表現不好她就會又哭又罵，搞得兒女很愧疚，而且，她也喜歡念人。我媽大概覺得受不了，所以當她成為媽媽，她就下定決心要做一個不會念人的媽媽（她之後也有跟我說這件事）。

我媽媽的出發點是好的。我也願意真心相信，她是為了我好，為了不讓我受到她當年受到的傷害，才會以這樣「節情減感」的方式對待我。但是，銅板都是有兩面的。我媽媽不讓我看到她的情緒，她的憤怒與悲傷，並沒有防止我不被她的負面情緒所傷（因為我還是感覺得到），反而讓我覺得擁有情緒、表達情緒是可怕的，甚至是大錯特錯的事，會造成世界末日。

所以，妳應該可以想像，當我第一次進入一段認真的親密關係，第一次信任別人（我老公），第一次和他吵架，看到他對我生氣，看到自己對他生氣……我的感覺是什麼。沒錯，我就是覺得「世界末日來臨了」。後來事實證明，世界末日沒有來，但是我們確實經歷過許多次瀕臨世界末日的情境，還有一哭二鬧三上吊的鬧劇，然後才學會如何有建設性地生氣、發洩情緒，並且承受住對方的情緒。

有時候我會想，雖然我媽媽的冷漠對我造成了傷害，但是這傷害也給了我一些好處。因為它，我比以前的自己更有同理心，而且會不斷認真地去想：我要當什麼樣的人？我要當什麼樣的母親？我希望我兒子從我身上學到什麼？我希望讓他看到什麼樣的世界？

這些問題，我都還沒有答案，而是在尋找、摸索的路途中。我想，不管怎樣，繼續思考總是好的。我不想像我外婆或我媽媽那樣，成為一個具有明確目標或抱負的母親，而是想做一個不斷思考、質疑，偶爾也可以說「我辦不到」、「我不知道」的母親。

蔚昀

跟孩子認錯

大概持續了一週，我和澄澄的關係十分緊張。最初的起因是他著涼了，不斷流鼻涕讓他暴躁，只要清醒著，每隔幾分鐘就大喊：「布！濕濕的布！」堅持要我們拿著濕布幫他擦掉鼻涕，而且無論他在哪，都要第一時間飛奔趕到，若要他吸鼻涕或擤鼻涕，等於要他的命那樣崩潰哭喊。

持續了兩三天後，我的耐性已經消逝無影，澄澄的鼻涕依舊存在，我們開始有了大大小小的摩擦，有時很快就結束，有時生悶氣一整夜。

上週四，是約定好要陪著父子共學的日子，從前兩天起，我逼著自己六七點起床，盡量提早完成工作。我的心緒不安、精神疲憊，身體因為長時間打字肌肉酸痛，好不容易勉強趕上週四共學日，一早卻和澄澄大吵了一架。（起火點很小，在我身邊玩耍的他無聲無息的大便在褲子裡）

這麼小的事，平常我是沒事的，那天卻所有情緒一起湧上，就連搭公車時我都不願意跟他坐在一起。一直到下了車，才勉強改變心情，牽著他的手慢慢走到公園。那天，老公很不安，回家前還堅持去逛百貨公司，讓我買了兩件洋裝（讚嘆老公），本以為風暴要結束了，睡前卻又因故和兒子起了爭執，這次我們沒能和好，背對著他，我就睡了。

隔天早上醒來，思索這一週，我感到無限懊悔，準備著待會出門工作，想著自兒子出生以來的點點滴滴。他起床後，我們照例早安餵奶時間，我向他保證，「從今天起，媽媽要當一個新的人，是新的媽媽，我希望你也能幫我，我們一起努力，不要吵架，有話好好說。」澄澄說：「好。」

巧合的是，這天的採訪正好是台科大侯惠澤老師，他自女兒出生後，每天固定有一小時的「爸爸玩時間」，從嬰兒時期只是抱著、舉著走來走去，兩三歲時玩積木、畫圖，現在孩子六歲了，可以和他討論今晚玩什麼，或是自創遊戲給爸爸玩，他一直強調，很多爸媽都說「陪小孩」，但他希望自己「跟小孩一起玩」。

作為全職母親又是接案的文字工作者，我陪孩子的時間雖多，但常常是心不在焉。我自問，在家裡時，我有全神貫注的跟他玩過嗎？

這天晚上，吃完飯洗過澡，我們躺在客廳草蓆上，他什麼也不做，躺在我的腿上，只要求我撫摸他的雙腳，我一邊讀著下週必須採訪的著作，一邊摸他，偶爾跟他聊聊天，就這麼過了一個小時。我覺得好久沒有這麼好的相處時光了。

接下來的兩天，當我說話他又神遊太空時，我慢慢的再說一次，然後等待，有時五秒、有時十秒，他回話了。奇怪，我以前在急什麼呢？當他激動要哭起來時，我試著平和小聲的告訴他，沒關係，慢慢來，媽媽知道，你好好跟我說。幾次他還是無法停止的暴哭，我們就等他哭完，幾次他停了下來，把話說完，聽完我們的解釋，決定省下一些眼淚。

還有幾次，他不肯接受某些決定時（例如回家吃飯或出門前要上廁所）我有點不耐煩了，但逼自己先蹲下來，以和他一樣的高度，看著他，再解釋一次原因，他也能接受了，過去我大多是上對下的姿態跟他說話。

當然還是有生氣的時刻，例如他弄痛我了，我大叫把他推開，他也嚇到，我先跟他道歉讓他嚇到這件事，他再三保證不會再弄痛我；我氣他把玩具弄得到處都是、而且難以復原，我一邊收拾著，一邊告訴他我很不高興。澄澄想了一下，問：「可以和好嗎？和好的話要啾啾。」好吧，這太吸引人了，我願意和好，換兩個啾啾。

我本來以為自己會覺得有些勉強，但其實我比前面兩週快樂多了。我很高興自己認錯了，並還有一點改變的能力。（淑婷）

TAIPEI 我的父親與我

和阿公相處的藝術

生養我的過程，爸爸是否曾感到快樂滿足？我永遠無法得知他的心意，但我希望，我的兒子能讓他感受到一絲育兒的樂趣與意義，去發現當一個新生命被好好對待時，就有機會改變我們身處的社會。

蔚昀：

兒子快兩歲時，開始抗拒去阿公家，這點讓我很困擾。因為自己接案工作的緣故，從孩子六個月大後，每週約兩天，我必須拜託爸爸幫忙照顧孩子，固定行程是在家玩一下小汽車，到運動公園走跳一兩個小時，接著回家吃點心，小睡兩小時，然後老公下班時順路接回家。

這樣的安排原本都很好的；兒子覺得開心，畢竟沒什麼事要忙的爸爸，比我更能專注的陪伴他，祖孫倆坐著一起玩玩具，兒子睡覺也是被阿公抱在身上，我爸也十分得意，老是將「我帶孫子的時間比以前養三個孩子還多」掛在嘴上。對我來說，爸爸若能因此彌補到當年忙於工作無暇育兒的遺憾，也是件好事。

但就在一歲十個月的某一天，兒子突然非常抗拒，不願意讓我爸揹走，甚至哭到天崩地裂，連鄰居都出來「關心」說：「羞羞臉！」在路口停下等紅綠燈時，我爸還被路人關切，大概以為是偷孩子的怪老頭吧。

接連幾次，我爸非常困擾，也越來越憤怒。我們本來以為是分離焦慮，但如果換成其他家人來接，兒子卻又毫不遲疑地跟我揮手說再見。

我想了幾天，問題應該出在我爸是傳統的阿公，會突然大聲斥責、威脅，我目睹過兩次，兒子立刻委屈到癟嘴落淚，還有一次連我自己都被嚇到，童年時被叱喝的記憶立刻湧起！我忍著怒氣問：「爸，你覺得這樣有用嗎？」「有啊！」我爸回答，或許是因為兒子整個人都呆在原地，停止當下舉動，讓他覺得這個辦法可行吧，反正他三個小孩都是這樣被罵大的。

我必須承認，和爸媽互動一直是最艱難的人生課題，即便為人母三年，我依舊無法好好與爸媽溝通，尤其是爸爸。我們兩人的對話常常結束在他對我的怒吼聲，或是我乾脆選擇沉默以對。

與強迫症共處的爸爸

我到底認識爸爸多少？這幾年我常常思索這個問題。

我爸患有強迫症，我從來不覺得這是一件難以啟齒的事。那是爸爸長期精神壓力造成，也可能是腦中某個小病變。在我出生前，我爸已經在家附近租了一處房子，生產棉花棒，塑料必須高溫融化後再塑型，所以廠房一年四季都是超高溫，塑膠顏料常沾得他雙手花花綠綠，爸爸每天必須洗手好幾次，那時只覺得爸爸花很多時間洗手漱口。

國中後，經濟不景氣，這種小型家庭工廠撐不下去了，爸爸關廠、另覓工作。只有初中學歷的他沒什麼好工作機會，陸續換了幾次工作。過去在吵雜廠房裡工作造成的大嗓門、耳背，沒有因為退休而離開他，還有天生固執不知變通的個性，偶爾想取巧、卻又不夠聰明狡猾的腦袋，讓他在職場不太順利。加上兒女正值青春期、買了新房子的經濟壓力，爸爸開始花更多時間洗手漱口，也會在黑暗的客廳中坐著，檢查燈關了沒、電視關了沒，鎖門時越來越費力，本來只是轉動門把檢查，接著他必須用力推門，才能確定門是關緊的，到最後他必須大聲的數數，告訴自己已經檢查了幾秒鐘，可以了。

我高中時天天早出晚歸，六點出門搭校車，夜自習回家已是十點，雖然從媽媽口中或假日發現爸爸的情況，但只是不耐煩，大學住校四年更是把這些家務事拋諸腦後。這幾年

我搬回新莊，與爸爸相處機會變多了，偶爾也在娘家過幾夜，才越來越擔心。詢問就醫狀況，爸爸算是積極尋醫的人，從新光醫院到署立醫院、長庚醫院，吃藥十多年。

前兩年，我因採訪認識了一名台大醫師，寫了封信，帶著爸爸轉到台大治療，我才知道許多爸爸暴怒、情緒失控、無法理解的行為，原來都與強迫症有關，就連感冒停藥都會導致不同平時的舉止出現，我很後悔太晚注意到就醫問題，如果早五年換醫師，也許狀況會改善很多，現在我只希望不要再惡化。

有時候談起爸爸的事，我還是覺得幸運。在我大學畢業兩年後，他宣布自己已經養大了孩子、繳完了房貸，終於可以退休了，他的生活改為每天早上睡到八點，起床後一邊吃早餐一邊看電視，有時出門辦事，吃完媽媽準備的午餐後，到社區圖書館當志工，五點閉館後，看完整份報紙才回家，然後又是看電視至打瞌睡，結束悠閒的一天。他的那些病狀並不太影響到旁人，家人看了雖然煩悶，也還在可以忍受的程度，至少這些行為不會傷害他的身體，只是偶爾弄壞水龍頭或門把。說來奇怪，一天洗手近十次、每次用力搓洗十五分鐘，爸爸的手也沒出現任何不適。

孫子為爸爸開啟的另一個世界

而爸爸開始幫忙帶孫子後，有幾次爸爸因為洗手時間太長，讓正在學爬的兒子摔下沙發、爬出餐椅摔下，爸爸只好強迫自己減少洗手次數，雖然無法縮短時間，但至少可以忍耐到家人回家，有人換手後再去慢慢洗，我想愛孫子的心，一定讓他一直一直在和洗手魔打仗。

強迫症的另一個問題，是難以接受習慣的事改變，那會造成心理壓力。爸爸帶孫子的方式非常規律，何時玩玩具、午睡、吃點心、換尿布、去公園，成了在他心裡刻下的作息表，偶爾孫子出狀況，作息改變，他就會整個人焦躁不安，一直問我怎麼回事。每當季節轉換，必須調整先去公園或先午睡的時間，又是一番煎熬；我必須一再地向他解釋，這些事情都一樣，只是順序交換，但他執意不肯。在他心裡，有條跨不過去的線。

隨著兒子年齡增長，越來越像一個「人」，情緒反應、無法預料的行為也變多了，對我爸來說，反而成了挫折的開始，他面對著從未經歷過、正處於身心成長發展的孩子；值得慶幸的是，如此拉扯一年後，兒子終於找到和阿公相處的方式了，他會提醒阿公，說話小聲點、擁抱輕一點，第一次聽到時，我感動得要流出眼淚了。

我非常感謝爸爸辛苦了大半輩子，他讓我無憂無慮的長大，知道自己想成為什麼樣的人，我也對他所說的「養兒防老」感到莞爾，畢竟我就是一個無法拿零用錢給爸媽的孩子啊。

我知道，爸爸其實沒認真指望過我什麼，否則他也不會盡力地安排自己的退休人生。生養我的過程，爸爸是否曾感到快樂滿足？我永遠無法得知他的心意，但我希望，我的兒子能讓他感受到一絲育兒的樂趣與意義，去發現當一個新生命被好好對待時，就有機會改變我們身處的社會。

我想告訴爸爸的是，如果他在孩提時代、失學必須提早進入職場的那時候、在工廠被人冷眼看待的時刻，遇到像孫子一樣溫暖快樂的人，一定會快樂一點的。過去的六十年，我們來不及改變了，未來的日子，希望孫子能讓他看到不一樣的世界。

淑婷

KRAKÓW

我的父親與我

喚回和父親一起的愉快時光

當我回想從小到大的成長歷程，我可以想到很多我自己的掙扎，我和我媽媽的愛恨糾葛，但是我爸爸在其中似乎是缺席的。或者說，關於爸爸的記憶是被我刻意忽略，因為那是我害怕、不想面對的部分？

淑婷：

讀到妳的信，我又感動又心疼。感動的是，妳、妳爸爸和妳兒子在歷經那麼多辛苦之後，找到了一個屬於你們的相處方式，而妳兒子也學會了如何溫柔地對待阿公的不同。心疼的是，我自己也得過強迫症，所以在某種程度上能理解妳爸的痛苦。

我的強迫症病史，起因於升學壓力很大、又缺乏家人和朋友的支持。另外，還有覺得「一定要表現得好，一定要讓所有人滿意」的完美主義。在壓力和焦慮感包圍之下，我開始瘋狂地洗手（和妳爸不同，我洗到手都破皮流血），時常重複一些強迫性的儀式，而且會出現對母親有敵意的想法（比如幻想拿刀殺死她），也會有傷害自己的想法。後來到了十四歲，憂鬱症發作，強迫症的症狀慢慢減緩。十六歲開始心理治療後，強迫症漸漸從我生命中淡出，不過那時候的我離「和生命和解」還非常遙遠。直到最近，我才真正接受了自己和自己的不同，也學會了如何對自己和其他人溫柔。

奇怪的是，當我回想這一路走來的過程，我可以想到很多我自己的掙扎，我和我媽媽的愛恨糾葛，但是我爸爸在其中似乎是缺席的。或者說，關於爸爸的記憶是被我刻意忽略，因為那是我害怕、不想面對的部分？

我的怪怪爸爸與我

在我的成長過程中，爸爸對我來說是一個重要的象徵，對我的人格、事業和世界觀影響深遠，但是好像是比較退居幕後的，不是在舞台上念台詞、走台步的主角。教我功課的是媽媽，和老師去溝通的是媽媽，幫我買暑假課外讀物與衣服的是媽媽，裝便當的是媽媽，和我聊天的是媽媽，陪我逛街的是媽媽，哄我睡覺的是媽媽，讓我想念到哭，讓我害怕恐懼的也是媽媽，早就知道我有強迫症、卻遲遲不跟我說的是媽媽，勸我去看心理醫生的也是媽媽……

但是，爸爸會帶我去逛書店買書（這是為什麼我喜歡文學）。爸爸會教我數學（這也是我們常起衝突的原因之一，他是優秀的數學家，可能覺得女兒數學不好、對數學沒有愛，很沒天理吧）。爸爸會和我聊人生大道理和人生規劃（這又是另一個我們常起衝突的原因）。青春期的時候，我和爸爸吵過許多次驚天動地的架，每次都搞得兩個人都很憤怒悲傷。除此之外，我還覺得十分無力、有罪惡感。**我明明很愛爸爸，不想傷害他，但是為什麼我就是無法跟他好好說話呢？也許，爸爸也有和我同樣的感覺？也許這是為什麼我們總是透過我媽媽傳話溝通？**

比起慢條斯理、感情不外露的媽媽，爸爸的個性和我比較像，我們都急性子、沒耐心、有野心、完美主義、個性衝動、脾氣火爆、刻苦耐勞、緊張兮兮、神經質、閒不下來、需要制定計畫、喜歡幫別人安排計畫、喜歡管人、死板、很難接受計畫被打亂、遇到不確定的未來會焦慮、很討厭別人拖拖拉拉、有控制欲、需要掌聲、需要關愛……

在別人眼中，我爸爸有些很奇怪的地方。比如，他會用筷子吃西瓜，門打不開的時候就把門撞壞（然後我媽就用土黃色膠帶補門），醬油瓶不知道怎麼開就用菜刀把玻璃瓶頸砍掉一截（切口整齊漂亮，不知是如何辦到的），時常用手指在空中比劃（似乎在算算數），買菜和煮菜時必須知道晚餐有幾個人吃（因為不想留下剩菜，如果有人臨時改變計畫，他會焦慮），會用 PowerPoint 作路線規劃，告訴我怎麼坐車到某某地方……

有時候，我會欣賞他的怪（比如那個玻璃瓶，我覺得可以上金氏世界紀錄），有時候，我會覺得這些怪癖很煩，有時候，他的怪也會間接導致我和我老公、我兒子的衝突。這些衝突很難處理，因為我已經多年沒有好好跟我爸說話了，因為害怕意見不同會吵架，或是傷害到他的感覺，所以我選擇和爸爸相敬如賓。但是，很多事不去談，並不會讓問題解決，有時候反而會造成誤會或讓問題惡化。

喚回童年的愉快時光

和妳爸一樣，我爸也常常幫我帶小孩，不過，這是在小孩大一點之後，他們的接觸才比較頻繁。兒子剛出生時，我爸爸不怎麼抱孫子，這曾經讓我覺得很挫敗，我於是跑去問我媽，她的回答是：「他會怕啦，覺得小孩軟綿綿的。」兒子一兩歲以前，和外婆比較親（因為有媽媽的感覺吧，外婆會唱歌哄他睡覺），但是當他會說話、會自己走路，他就和外公變得很親，我爸也可以自己一個人帶他。

對兒子來說，和外公在一起是件好玩的事。外公會做蛋炒飯給他吃、給他買玩具、讓他看 YouTube、帶他去大安公園玩沙子，和他去台大生態池看烏龜，教他騎腳踏車，教他下象棋，而且每次他都會贏（因為外公會下指導棋，教他怎麼贏）。對我爸來說，他應該也享受和孫子在一起的時光（雖然照顧幼兒很辛苦），每次當他說：「公公教你騎腳踏車！」「要記得喔，是我教會你的！」臉上都有一種好驕傲的神采。而我看到他們互動這麼愉快，也覺得好感動，並且想起我童年和爸爸相處愉快的時光。

有時候我也會擔心，隔代教養會不會造成一些問題。我爸對我兒子比較寬鬆，所以兒子就仗著這特權，常常要求外公給他買玩具、或讓他看很多 YouTube 的短片。之後當他和我們在一起的時候，我們就比較難讓他遵守原本訂下的規矩。

我希望能找到一個平衡點，讓爸爸和兒子有他們自己的相處模式，有決定做什麼的自由（畢竟，我也不能一直規定別人要這樣或要那樣，每個人在不同的場合，和不同的人在一起，本來就會有不同的行為舉止）。但是另一方面，我也想讓兒子知道，和我們相處時，他必須遵守一些我們的規矩。這些規矩並非不能挑戰或改變，也不是沒有彈性，但不能因為「在外公外婆家可以，所以在我們家也可以。」外公外婆家和父母家，都是他的家，這兩個家有一些共同的交界，但還是兩個不同的家。

寫完這段話，我突然發現，雖然我本來想說的是兒子，但是好像也說到了我在這兩個家的處境，以及我的願景呢。

蔚昀

爸媽該不該對孩子道歉？

我一直記得，大學時某次在餐桌上與爸爸起了爭執，爸爸習慣性的三字經脫口而出。雖然知道那是「情緒性的語助詞」，我當下還是覺得受辱了，要求爸爸道歉，爸爸當場大怒——在他傳統的父系觀念中，無論有理無理，爸媽都不需要向孩子說「請、謝謝、對不起」，不然家庭倫理就亂了。那次我立刻收拾行李回宿舍去。

接下來的幾年，這樣的爭執反覆出現，我和哥哥都曾陷入「要求道歉」的困境。有時，我們只是希望爸媽承認自己說錯話了，或觀念有誤，但這樣的回應往往讓他們勃然大怒；我們想討論的是非對錯，立刻變成了「你為什麼要這樣質疑我」的問題。尤其是爸爸，他決不低頭的，即使他承認自己說的話有些謬誤，但一旦說出口，就只能是真實。

「難道要我向自己的孩子道歉，客客氣氣的，向員工對老闆那樣？」在爸爸眼中，道歉，是階級問題。

我不清楚過去的農村社會，是否造就了這樣的價值觀，或是爸媽長久努力建立起的威嚴，讓他們忘了道歉是很基本又簡單的事。

想想我自己，似乎也受到這樣的影響。對於工作、朋友交際，語帶輕鬆的說對不起，對我來說是簡單的事，若真的起了誤會爭執，腆著臉認真道歉，也曾發生過，然後一切如故；但對於伴侶，我這幾年才努力學習。起初跟老公總是冷戰，即使知道錯在己身，也情願一路錯到底，爭執常被迫越演越烈，最後哭哭啼啼的結束紛爭。後來，老公大概摸索出來了，他先「針對我的怒意」道歉，接著要求我也要道歉，剛開始我很難說出口，不情願的吐出那句話，現在，也能夠練習自己試著先說說看。

我想，許多成人不願意和孩子道歉，是因為不認同他們的主體性，認為孩子的認知與感受遠不及成人，所以不用認真對待。可是啊，無論多小的孩子，都不會忘記爸媽曾說過的那些傷害自己的話。那些話像童年記憶裡，每到中元節就讓人害怕的紙娃娃，常莫名的浮上心頭。

成為母親後，我無時無刻都在思考自己與爸媽的關係，忍不住害怕起來。我真的有能力讓這個孩子感受到愛與尊重嗎？這份期待與害怕壓迫著我，直到老公提醒我：「沒有人知道怎麼教導孩子，只要將他當個『人』認真對待即可。」

是的，我們自小所要求的，不就是這麼簡單的事，愛他我就說出來，錯了我就道歉。我希望能誠實的面對他，以一種平等的身分，對他認真說一句對不起，並不會損及他對母親的愛與信任。（淑婷）

KRAKÓW

我的老公是另一個孩子

和老公及孩子一起長大

我偶爾覺得老公像個孩子，只是他不是「我的」孩子，而是一個和我一起長大的孩子。我、我老公和我們的兒子都是大人也都是孩子，我們正在一起長大，邁向成熟的童年。

淑婷：

不知道妳兒子會不會出現以下的舉動，明明已經是個可以自己跑來跑去、自己簡單打理生活的小男孩了，但有時候還是會變成幼兒，比如說在地上爬、用娃娃音說話、不高興的時候躺在地上撒賴、累的時候要人抱……

最近，兒子三不五時變成幼兒。通常我看到他這樣子，都會好氣又好笑。有時候當我很累很煩，我會覺得他這樣很討厭，甚至會跟他說：「你已經很大了，不要再像個小小孩一樣說話，我不喜歡。」「你這樣口齒不清，我聽不懂。」而當他不肯聽我的話或配合我（也就是：和我有不同意見），然後又像個小小孩一樣耍賴，我會冒出一股無名火，有時候甚至就和他起了衝突，最後搞得兩個人都很不愉快。

可是話說回來，雖然他已經很成熟，但他確實還是一個小孩啊！我不是有時候也會允許、甚至喜歡他撒嬌嗎？為什麼當他跟我唱反調的時候，這些行為就這麼討人厭了？我討厭的是「孩子氣、幼稚」，還是他反抗我的事實？「孩子氣、幼稚」為什麼令人討厭呢？是不是因為這樣子，與他對立的我就必須「像個大人、成熟」，不能任意做我想做的事？（老實說他撒賴時我也好想撒賴，他吼我時我也好想吼回去，他大哭時我也好想哭）因為我無法面對自己內心的小孩，不允許自己也有「孩子氣」的一面，所以看到他這樣，才會本能地覺得反感？

爸爸是兒子的盟友

和我不同，我老公好像不會那麼在意兒子變成幼兒，或者說，他也會在意，但是他會跟我說他的擔憂，而且當兒子鬧情緒、撒嬌／撒野時，他多半可以平靜面對（雖然有時候也會暴走……），甚至在我情緒上來時，他會同時安撫我和兒子，以淡定的口吻叫我不要在意，一邊和兒子聊天，轉移他的注意力。神奇的是，大部分時候兒子會在他老爸的唸經催眠之下（我老公跟兒子講話的聲音很溫柔，真的很像念經）平靜下來，彷彿沒事人一樣繼續原本在做的事。

有時候我會想，兒子在某些情況下比較聽他爸爸的話，也許是因為他覺得爸爸是他的同盟（他爸也常被我念、被我罵），所以有一種同仇敵愾的革命情感。和媽媽不同，爸爸愛開玩笑、喜歡說有趣的蠢話、會跟他玩小車車（媽媽討厭玩車）、會因為心情好或心軟給他買玩具（不像媽媽說不買就是不買）、會邀請他一起做東西（組裝 IKEA 家具）……

或許在兒子心目中，爸爸就像是一個會很多事情、會照顧他和媽媽、可以和他一起探索世界的大男孩。他在這個大男孩身邊感到安心，所以會任意撒嬌、鬧情緒（在媽媽面前就要比較成熟穩重），但是當大男孩提醒他要守規矩，他也比較聽得進去（呃，當然不是每次），因為比較沒有權威的壓力

（媽媽比較常管東管西，而且媽媽生氣會氣比較久）。

我必須承認，很多時候我會嫉妒這兩個難兄難弟感情這麼融洽，有時候還會聯手跟我唱反調（比如我說不可以買玩具，老公卻替兒子買了，簡直把我說的話當空氣！）。有時候，我會覺得很生氣困惑，為什麼兒子和我在一起的時候這麼成熟聽話，而當我們三個人在一起的時候他卻不停撒嬌、鬧彆扭？氣不過的時候，我會吼我老公：「你看你，都是因為你在，他才會這樣，因為他知道有你可以當靠山。他跟我在一起時不是這樣的！」但是有時候，我也會欣賞他們可以一起不守規矩、可以一起瘋瘋癲癲、一起耍笨、一起像小孩。

我花了很長一段時間，才能接受這件事：兒子和爸媽的相處模式是不一樣的。我沒有必要把他和我在一起的相處模式拿來當標準，然後認為只有這個標準才是好的、才是對的。也許我的標準確實是好的、是對的，但那是對我來說如此，別人不一定這麼認為，也不一定做得到。如果我一定要堅持「我的方式」，那只會把我自己搞到很累、很生氣，因為我永遠無法讓別人按照「我的方式」來生活。

把老公當成合作夥伴

以前，當我自己一個人外出工作，晚上回到家後發現老公還沒給兒子洗澡、刷牙，然後好不容易開始幫他洗澡刷牙後，又拖拖拉拉慢吞吞，一邊洗一邊看臉書或新聞，對於這類事情我都會很生氣，跑去吼老公，叫他快一點。然後他也會很不高興地吼回來，叫我不要管他們，管好我自己的事就好。我好生氣他為什麼這麼沒效率、沒紀律，一點「大人的樣子」都沒有，為什麼凡事都需要我操心、我提醒……

有時候，當我氣得受不了，會去把工作搶過來做，快手快腳的把小孩洗好、趕他上床，可是結果通常很悲慘，因為不管是我、我老公和小孩都很不高興。我好生氣，為什麼我這麼犧牲奉獻，還沒人感謝、沒人幫忙。我覺得自己好像養了兩個小孩，而且大兒子還特別會反抗、特別管不動。這種時候，我就會想起我媽對我說過的：「妳出生後，我多了一個小孩。」

我跑去和我的心理醫生訴苦，他的回答是：「妳好像把妳老公當成一個需要妳照顧、要妳管束的小孩，但是，妳也可以試試看把他當一個合作夥伴，和他討論看看啊。妳可以告訴他，你需要他的幫助，還有妳希望他怎麼幫助妳。妳也可以展示妳的脆弱。如果妳都不示弱，別人要怎麼幫助妳呢？」我又向他抱怨，兒子有時候不喜歡刷牙，他則反問我：「一天不刷牙，會怎樣嗎？」

我真的開始和我老公討論、告訴他我的無助了（這花了我很長、很長一段時間才能做到）。以前我會先罵他一頓、挑他毛病、嫌東嫌西……現在，我們的對話是這樣的——我告訴他：「我不知道怎麼辦，我不知道兒子為什麼會不想刷牙、拒絕洗手洗臉洗澡、為什麼當我們強迫他梳洗時，他會大哭大叫。我不知道這是正常的過渡期，還是因為我做錯了什麼。」他則說：「我也不知道為什麼，但現在他就是在經歷這個時期。也許是因為在學校很多規定，他回家想要放鬆。也許因為他皮膚癢，不想碰水。也許這是一個新的反抗期。我們只能接受他現在就是這個樣子。」

雖然我們最後還是沒有討論出什麼實際的解決辦法或SOP（標準作業程序），但是我感覺不那麼孤獨了。我知道我不是一個人在面對育兒路上的悲喜成敗。即使無助，也有另一個人跟我一樣無助。當我因為做到什麼事而喜悅驕傲，也有另一個人跟我一起喜悅驕傲。我和老公的責任、義務、權利、權力都是共享的，我不必把所有壞事好事都攬到自己身上，同樣，我也不必把所有壞事好事都推到他身上。

我有時候還是會覺得老公像個孩子，只是他不是「我的」孩子，而是一個和我一起長大的孩子。我、我老公和我們的兒子都是大人也都是孩子，我們正在一起長大，邁向成熟的童年。

蔚昀

TAIPEI

我的老公是另一個孩子

我的老公正在長大

對待正在長大的老公，就以對兒子同等的耐心相待：老公做了值得讚美的事情，就立刻給予各種具體的鼓勵句，如果沒做好，就多給他幾次機會，省去無謂的批評或責罵——這是我兒子教我的人際互動技巧。

蔚昀：

我記得兒子一歲多時，我偷偷在他的炒飯裡藏了一尾蝦仁，吃到快碗底朝天時，這個意外發現的小驚喜讓他好開心，立刻塞入嘴裡，「媽媽也很想吃蝦子……」「不要！」兒子大喊，我只好默默吃著自己的飯，他低頭看著碗很久，然後小心地捏起一個細碎，喊：「蝦子！」遞給我吃，雖然不知道那是什麼，但我立刻心滿意足的吃了。

幾天後，老公讓我看一些父子外出散步的照片，其中一張兒子賴在扭蛋機前不肯走，模樣很可愛。我問：「你怎麼能忍得住，不讓他轉一顆蛋？」「其實我轉了。」「那你怎麼沒拿出來？」「我藏起來了，怕被你罵……」

老公只能成熟，不能孩子氣？

隨著兒子逐漸成熟，老公心智倒是下降了，我成為人母後，時常有這樣的感觸，許多在談戀愛時看起來天真爛漫的行為，現在卻讓他成了白目的青少年。

你提到兒子變成幼兒的種種舉動，在我家也常常發生，兒子會突然窩到我懷裡，說：「我是小baby，不是大baby，我要媽媽餵／媽媽抱／穿尿布……」坦白說，我覺得好可愛啊！我大概是對幼兒、幼犬、乳貓特別沒有抵抗力，又或者我天性吃軟不吃硬，這類的撒嬌完全命中我的點，讓我忍不住抱著他親了又親，直說：「你永遠是我的小baby！」

我知道這樣很肉麻，但每一天我都在感嘆他長得那麼快、學得那麼多，那些荒謬有趣的童言童語越來越有模有樣，看著他一步一步像個「人」，逐漸的社會化。除了感動，我也擔心，有點遺憾，能理所當然的「孩子氣」是多麼可貴又短暫的一個時期啊。

然而，當老公很「孩子氣」時，就一點也不可愛，他開口提出反駁意見時，精巧的言詞也不會讓我讚嘆，從早到晚問東問西更只會讓人火冒三丈。

有天我們趕著要出門，我忙著壓制兒子，讓他穿上衣服時，老公在旁不耐煩說：「現在都幾點了？要不要快一點？」瞄了一下時鐘，我趕緊打理自己，準備妥當走回客廳時，聽到輕快的音樂聲揚起，老公竟然登入手機電動遊戲了！「小孩出門的東西準備好了嗎？」我問，答案當然是還沒，不過看在他至少立刻起身動作，而不是坐著像木頭人繼續打電動，我才勉強忍住不嘮叨，畢竟我那兩歲半的兒子也還沒收拾好要帶出門的玩具。做人要公平，生活才會愉快，是我當媽媽後才領悟到的婚姻真諦！

和朋友抱怨後，朋友悶笑一下，「我老公雖然自告奮勇準備小孩出門的東西，但一下子問衛生紙、濕紙巾放哪裡？一下子說找不到，要我拿給他；然後是問我奶嘴呢？外套呢？水呢？餐具呢？」朋友苦笑說：「最後比我自己整理多花了一倍時間。」

重點是，老公就像我們那兩三歲的孩子一樣，當他決定要做，媽媽就不可以插手，或是動手幫他完成，否則老公會認為不被信任、尊重，他心裡的小男孩可是會鬧脾氣的！說到這裡，你應該發現，媽媽常把老公暱稱大寶，兒女是二寶、三寶，還真的蠻有道理。

我的「育夫」之道

不一樣的是，大寶比二寶難教多了。二寶就像是一張白紙，學什麼新東西都新奇愉快，讓孩子幫忙做家事也像是一場遊戲；教老公實在難多了，明明不讓孩子看電視是普世家規（有嗎？）但他會看棒球轉播，堅持那不是電視節目；那晚我發現兒子一直模仿投手，把各種玩具丟出去。我一邊在心裡戳老公的腦門，一邊勸：「下次還是不要看棒球了。」結果下一次是看動畫電影，老公又說：「我跟孩子一起看。」不，我其實不在乎你看了什麼，我只是希望孩子不要看電視……

如你所說，快三歲的兒子已經很清楚父母親不同的模式：媽媽是照顧者，疲倦、想睡覺、摔跤、肚子餓都要找媽媽，爸爸則是同盟夥伴，能夠一起玩，一起偷看電視，一起到便利商店吹冷氣吃零食；爸爸和媽媽的玩法完全不同，爸爸瘋狂又有趣。他跟爸爸吵架時，會毫不留情的轉身就走，緊緊抱著「最愛的媽媽」；被媽媽責備時，就趕快躲在「好友爸爸」的身後。

隨著育兒技巧精進，我自覺「育夫」技術也不斷加強，那些彆扭不坦率的少女情懷都可以捨棄了，養孩子哪來那麼多時間培養情趣，就是坦白直接的說出感受與需要，請對方幫忙，謝謝對方幫忙。簡單來說，就是「看見老公做的，不要看見他沒做的。」很勵志吧！

這是我兒子教我的人際互動技巧：對待正在長大的老公，就以對兒子同等的耐心相待；老公做了值得讚美的事情，就立刻給予各種具體的鼓勵句，「你做得很好，幫了我好多忙，我好開心」（當然偶爾也可以夾雜滿足虛榮心的『你好帥好有智慧沒有你我怎麼辦』。如果沒做好，就多給老公幾次機會，省去無謂的批評或責罵，更別拿出棍子來揍人，畢竟不打不罵不威脅，才能讓婚姻長長久久。

雖然常常抱怨老公，抱怨他做事拖拖拉拉的，但內心深處，我對老公充滿感謝。如果不是他的支持，在台灣這種經濟環境下，我怎麼能放心辭去全職工作，轉為自由接案兼著照顧孩子？雖然當媽媽每天累得像狗一樣，但老公白天要上班、晚上要立刻接手幫忙照顧孩子，上班還會不時收到老婆暴怒訊息，同時因為無法接下出長差的任務，承受著來自主管的壓力，真真真真的辛苦了。

有時看著老公蓬頭胖嘟嘟的樣子，就知道人便是如此一步一步邁向攜手走完人生。等到我們變成白髮蒼蒼、腰都挺不直的歐巴桑或歐吉桑，得把假牙從口中拿出來清洗，必須幫對方推著輪椅時，再回想起這些育兒過程中點滴爭執，會覺得很好笑吧！希望那時候，我們還記得兒子在枕邊滾著聽故事的模樣，口齒不清的喊著「愛你爸爸、愛你媽媽」。

淑婷

成長不是痛苦的斷裂

仔細觀察台灣的媒體和主流價值，尤其是所謂「教養專家」說的話，我發現一件很有趣的事：和小孩有關的一些特質，都被視為是負面的，比方「小孩子氣」、「天真」、「依賴」、「脆弱」、「不成熟」、「情緒化、不能控制情緒」、「吵鬧」、「不懂事」、「不守規矩」，都會受到譴責，人們甚至冠上「媽寶」、「公主病」之名。

另一方面，「早熟」、「獨立」、「有責任感」、「犧牲自我」、「自我克制、能控制情緒」、「安靜」、「懂事」、「守規矩」，這樣的表現受到高度的推崇和鼓勵。我們的文化要求與期待成熟獨立，即使是在我們年紀還很小的時候。然而我們沒有發現，這一切其實是在鼓勵我們變成「小大人」（Adult Child）。

為什麼台灣社會對於正常的、應該在小孩身上出現的孩童特質如此反感，反而對反常的、不該在小孩身上出現的早熟特質大加讚揚？

我的假設是：我們父母那一代因為貧窮、戰亂等各種因素，被迫提早放棄童年、快快長大進入成人生活，等到他們成為父母，他們也要求自己的小孩遵循他們的道路，因為那是一條經過驗證的、「好的」道路。

早早長大、當一個小大人，也許是上一代必備的能力，讓他們能適應他們所生存的社會，打造出台灣經濟奇蹟。然而，在我們這一代身上，已經可以看出這個能力的侷限，它並不能應付所有的狀況，尤其是變化大、需要多方溝通的狀況。有時候它會帶來傷害；有時候並不是所有人都能學會它（然後學不會的人就被說成是「魯蛇」，或被懷疑有什麼疾病）；有時候它會壓抑人本能的需要、讓人墨守成規，不去改變。

如果我們今天已經看到當個「小大人」的侷限，那我們是不是該想想，這樣的能力是我們的孩子所需要的嗎？它會讓他們在十年、二十年後適應這個社會、在社會中生存下去嗎？還是會妨礙他們呢？

我並不覺得，成長就是「一直當個孩子」，我也沒有要否定大人特質的意思。

只是，我們在看待成長這件事的時候，可以不要用簡單的二分法劃分「兒童」和「大人」，可以試著把成人看成是結合孩童特質和大人特質的人，而不是一個和兒童完全不同的人。

或許那樣，我們會有更多的可能性，成長也不會是那麼痛苦的斷裂，而是一種延續。（蔚昀）

PS

「小大人」這個名詞，最早出現於匿名戒酒團體之中，指的是那些因為父母過去酗酒而變得比其他小孩更成熟的孩子（也譯為「成年小孩」，王浩威醫師在《晚熟世代》終將其稱為「當年早熟的小孩長大以後」）。後來心理學家發現，小大人的現象不只存在於酗酒者父母的家庭，所有功能不足的家庭都有可能養育出這樣的小孩。這些孩子早早就被迫長大，負起照顧自己和家人的責任，讓家人快樂。他們看似成熟、能克制自己的情緒，但其實他們的早熟是為了生存下來、不得已的手段。

KRAKÓW

不完美的媽媽

有快樂的媽媽，才有快樂的孩子？

當我把成長看成一趟共同的、未知的旅程，我就比較能接受自己的不完美。對自己的好與壞，也不會那麼過度反應。父母確實很重要，但孩子也有他們自己的選擇和判斷。父母在教育上必須時時思考、反省，但不必太過戒慎恐懼，不必害怕犯錯。

淑婷：

母親節快到了，按照往例，我們身邊又出現了許多感謝媽媽、媽媽好偉大的言論。彷彿要分庭抗禮似地，討論聲中也出現了「媽媽不想要偉大」、「不要再說媽媽偉大了」、「偉大很有壓力」的反面說法。

不管是哪一種說法，我都樂見它們的存在。有多重的聲音總是好的，而且在我心中，媽媽本來就是有偉大的一面，不需要否認。另一方面，偉大確實給了媽媽很大的壓力，這也是必須承認的事實。

對媽媽下指導棋的聲音

我比較不喜歡看到的，是那種假親情之名，做行銷之實的廣告。現在廣告好像都要有一個「故事」，所以為了賣奶粉、牛奶、政治人物，媽媽的辛苦犧牲、勇敢堅強、擔心害怕……都變成了產品的「賣點」。除此之外，「媽媽」這個形象本身也成了一支廣告，賣的商品就是「媽媽」本身。

就像奶粉尿布有各種牌子，「媽媽」也有各種牌子、各種「樣板」。當媽媽本來是很個人的事，因為每個媽媽都是不一樣的。但是，當社會上充斥著「媽媽商品」和「媽媽廣告」，許多家人、親戚、路人都會用這些「樣板」來要求媽媽，彷彿父子騎驢故事裡面那些沒有在騎驢，卻急著發出評論的人。

「妳不應該這樣啦，應該要這樣……妳看看那個教養專家是怎麼訓練孩子的……」「妳這樣教不行，這樣妳的小孩會被寵壞，以後會變成媽寶、宅男宅女、缺乏競爭力、給社會帶來負擔、讓你們老年生活痛苦……」「妳不行這樣教，妳愛孩子，就不該貪圖方便，打他罵他威脅他，或者利誘他。妳要跟孩子溝通、要懂得尊重……」

以上這些，都是媽媽在真實生活中可能會聽到、看到、或是她腦袋裡的「警察」會告訴她的話。不論是周遭的人（老師、父母、朋友、陌生人）、社會輿論（比如我們在網路上看到的言論）、書上的文字，都對「如何做一個媽媽」發表意見，這樣來自外在及內在的批判聲浪夾攻著媽媽，她怎麼能不感到身心俱疲又充滿挫折感呢？

一趟認識自己、先生與孩子的獨特旅程

我剛開始當媽媽的時候，經常因為自己無法像「書上的媽媽」、「部落格上的媽媽」、「粉絲頁上的媽媽」、「親子雜誌上的媽媽」一樣而感到很挫敗，對自己很失望。我不明白，我明明照書上、網路上、雜誌上說的去做了，為什麼別人就做得到，我卻做不到呢？是我有什麼問題嗎？是我不好嗎？是我花的時

間不夠多嗎？是我耐心不足嗎？還是我的小孩有什麼問題？

痛苦了很久，我終於學到兩個簡單的道理。一個是：「每個孩子和每個父母都是不同的，所以適合每對親子的教育方式也不同。」另一個則是：「網路上和書上的大部分人都是隱惡揚善，報喜不報憂。即使談到問題和困難，也是被拿來當作『成功之母』，或是皆大歡喜結局前的必要挑戰。」

發現每個人都不一樣之後，事情就比較簡單了嗎？才不呢。不想走別人規劃好的「觀光路線」，新的道路又不存在，只能靠自己胼手胝足地開創。在經歷過許多錯誤失敗後，我慢慢發現，我其實沒有必要急急忙忙趕著到終點。我其實不必跑第一名。慢慢走，我反而可以看到更多路上的風景，也可以看到我自己以及我的旅伴們——也就是我的丈夫和我們的孩子。畢竟，孩子和我們的成長是一條共同的旅程，我並不是帶隊的導遊啊。

當我把成長看成一趟共同的、未知的旅程，我就比較能接受自己的不完美。對自己的好與壞，也不會那麼過度反應。我不再覺得「我這樣做不好，會留給孩子一輩子的陰影」或「我這樣做很好，他一輩子都會受惠」。父母確實很重要，但孩子也有他們自己的選擇和判斷。父母在教育上必須時時思考、反省，但不必太過戒慎恐懼，不必害怕犯錯。

如果孩子有犯錯和學習的權利，那麼作為母親的我也有。如果孩子是第一次出生、第一次活，那麼身為媽媽的我也是第一次以一個母親的身分出生和活著。如果這所有的一切都是第一次，那怎麼可能不犯錯？怎麼可能會有照著做就會零失敗的範本？

與不完美共處

當然，很多時候我還是會在意、害怕自己做不好、生氣自己做不到。很多時候，我還是有追求完美的執著，我還是對自己和他人要求很高。但是，我慢慢學會放下，甚至我的「放不下」，我也不再那麼用力地去苛責自己。如果我是一個不完美的人，那麼我做不到的事、我不會的事、我犯的錯、我放不下的事、我的重擔……都是我的不完美。我想要與我的重擔共處，帶著它往前走，然後在可以放下、我準備好的時候把它放下。

養育孩子，不也是這樣的旅程嗎？我們抱著孩子這個負擔（甜蜜、不甜蜜、又甜又苦）往前走，然後把他放下來，和他一起走，看著他自己往前走。在這段共同的旅程上，我試著讓我們（我、我先生、我兒子）都快樂，都享受這段旅程。但是，我不要刻意為他們而快樂，也不要他們刻意為了我而快樂。

曾聽過一種說法：「有快樂的媽媽，才會有快樂的孩子。」但是，為了孩子快樂才讓自己快樂，媽媽會不會有點太累、太勉強了？在這過程中會不會壓抑到自己、讓自己更不快樂、甚至憂鬱、走入一條死巷呢？不快樂有這麼糟嗎？不完美有這麼糟嗎？

我曾經想要當一個完美偉大的母親，但是我現在不想了。我現在是一個平凡偉大的母親，有快樂有悲傷，有做得好的事和做不好的事。這是我走著的路、我看到的風景，它不能被複製、移植。不管在育兒或人生的道路上，每個人都只能走自己的路，然後在路上看到自己的風景。

就讓我們一起在不同的路上互相打氣吧。

蔚昀

PS

「腦袋裡的警察」（Police in the Head）是巴西劇場大師奧古斯特．波瓦（Augusto Boal）提出的概念，指的是那些經常批判個人欲望、壓抑個人想法的聲音。

TAIPEI

不完美的媽媽

給自己犯錯的空間

我知道我會一直犯錯，但那無損於我這位母親的成就高低，重要的只是我和孩子互相理解、原諒、接受彼此的心意，我們都不完美，我們都會做錯事，但和好後，我們還是很快樂。

蔚昀：

我們真有默契！從母親節開始的前一週，我就注意到廠商蠢蠢欲動，臉書幾乎每天都有一部與母親相關的影片被大肆轉貼，風格也各異。

例如某食品品牌以一位莫名其妙哭個不停的孩子，強調母親真辛苦，但穿著光鮮亮麗、妝容美麗的少婦，感慨的說：「最後一切都會值得。」看完這支不知所云的廣告，我還真想知道育兒究竟是為了什麼而付出？而且小孩也沒一天到晚哭個不停啊！

某汽車品牌的影片以樂高積木設計成動畫，提醒大家送個蛋糕給母親，即便我們都知道送媽媽一台車實際多了；某個衛生紙品牌則是以幾位忙碌的母職形象，述說當媽媽是怎麼一回事，仿紀錄片形式拍得比較真實感人，連我看了都忍不住眼眶紅，但朋友冷冷提醒：「這是單親媽媽的紀錄片吧。」我才注意到，整支廣告都沒有男性角色，無論是接送小孩、送便當、半夜起床照顧孩子，爸爸都缺席了。

唯一讓人眼睛發亮的是美國某航空公司的「另類歡慶母親節」。影片中航空公司為了體恤母親育兒辛勞，選定自紐約飛往加洲的航班推出「飛行嬰兒」（FlyBabies）活動，在飛機降落前，只要有四位寶寶哭鬧，飛機上一百四十名乘客就能獲得免費的來回機票一張，而且必須是大吵大鬧喔！能夠這麼直接的碰觸父母育兒難題，實在太棒了。

不過我心中第一名的母親節影片，來自樟湖生態中小學國一學生。拍攝者注意到非典型家庭已經是台灣常態，不是每個媽媽都是家庭主婦，不是每個孩子都有爸媽，不是每個孩子都和爸媽同住一個屋簷下。是的，如同在現實生活中，不是每個媽媽都快樂、無私、奉獻、能為孩子做出正確的判斷與決定……

犯錯無損父母的付出與成就

我們比誰都清楚，在育兒的路上，父母常常出錯。

例如某天我和朋友約了在南港進行採訪，路途遠，附近又有個想去已久的山水綠公園，心想別浪費了時間跑這一趟，就建議老公帶著兒子一同前往，結果原本冷靜被帶走的兒子半路堅持要找媽媽，老公無奈，只好帶著兒子回來，最後我們在兒子的尖叫、椅子彈跳、拉扯衣服中結束採訪。

第一時間，我感到丟臉、憤怒，很想責備兒子，是他先承諾他會乖乖陪在旁邊啊！但稍微冷靜點就會發現，是身為爸媽的我們，沒能認清工作就是工作，育兒與工作兼顧聽來美好，但多數工作的場合其實不適合幼兒，我們應該直接讓孩子去公園玩。

可是我們太貪心又放鬆，以為那個乾淨舒適的商場，適合孩子度過一個炎熱的中午；想著稍晚可以順便做些什麼，所以將全家行程排在一起；想著受訪者是朋友，所以沒有太多顧忌……這些小炸彈連環爆後，成了兒子的煩躁與我們的怒意。說起來，他一開始就被迫接受我

們的安排。

我犯錯了，做出錯誤的判斷，然後遷怒孩子不自知。雖然認錯了，這一天也無法重來了，不過我很高興至少意識到自己犯錯了。我知道我會一直犯錯，但那無損於我這位母親的成就高低，重要的只是我和孩子互相理解、原諒、接受彼此的心意，我們都不完美，我們都會做錯事，但和好後，我們還是很快樂。

無法認同自己，還是不能接受孩子本來的模樣？

日前一位朋友心慌的問，他的孩子已經一歲了，但每一次他讀教養書，或是在媽媽社團裡讀到大家的討論與經驗分享，只讓他心驚自己過去在育兒上的隨意、不夠積極。他擔心自己對孩子造成不好的影響，不斷地責備自己，焦急到幾乎要落淚，陷入挫折與愧疚的無限循環。

我感受到的是，媽媽真的好怕自己做得不夠好！好擔心自己給得不夠，孩子模樣不夠可愛、腦袋不夠聰穎、不夠符合社會期待。我們到底是無法認同自己，還是根本沒準備好接受孩子本來的模樣，所以希望自己再努力一點、孩子再好一點。

我在想，會不會是我們根本在成長過程中沒有好好學會認同自己？我們以為走出原生家庭後，得到了人妻、人母的新身分後，就能脫胎換骨，給孩子不同於自己的成長經驗（或是跟自己一樣好的童年），忽略了我們也是第一次當媽媽，就像當年第一次騎單車，摔跤了、受傷了、失敗了也很正常。

有時出門在外突然下起雨，我和孩子卻忘了帶雨具。我們一起淋雨、踩水，覺得很有趣，路人卻是大驚失色，堅持幫我們撐傘，或直接責怪我怎麼能讓孩子淋雨。我告訴他們，沒關係，我們會趕快回家洗個熱水澡，但現在請不要中斷寶貴的遊戲時間。還有一次我們開車出遊發生小擦撞，孩子嚇一跳，我想，一定有人第一反應是指責父母不夠小心吧？我反倒慶幸，兒子有印象的第一場車禍，是一家三口共同經歷，我才有機會好好和他談這件事。

我不斷提醒自己，不要用指責、威脅等負面的言語和孩子說話，所以我也會試著，不要用負面的態度責備自己。我們都是第一次當媽媽，偶爾會做得不夠好，家裡有點亂，偷懶吃外食、看電視，不需要因此感到愧疚，否定自己，因為我也只是盡力去練習罷了，這段練習期會好長、好長，而且要 reset 幾次都可以，因為我們一直握著孩子的手啊！

淑婷

給媽媽們的祝福

祝媽媽們可以快樂。
祝媽媽們可以不完美。
祝媽媽們可以不快樂。
祝媽媽們可以累。
祝媽媽們可以放鬆，有家人可以互相扶持。有社會可以互相扶持。有陌生人的善意可以互相扶持。
祝媽媽們可以不要假裝。
祝媽媽們可以夠好就好。
祝媽媽們可以哭。可以生氣。可以擺爛。可以做不到。
祝媽媽們可以笑，可以當她自己。
祝媽媽們心裡的小孩也被好好愛著。祝媽媽們心裡的女人也被好好愛著。祝媽媽們心裡的人也被好好愛著。
祝媽媽們可以犯錯。
祝媽媽們可以靠北。

祝媽媽們可以不要有事沒事老是被人消費（比如廣告）、批鬥（比如新聞）、獵巫或被人叫出來負責。
祝媽媽們可以只負自己該負的責就好。
祝媽媽們可以不必為任何人快樂，只為她自己。
祝媽媽們可以被同理、被理解，被接納。
祝媽媽們可以不要偉大（雖然當媽媽本身就很偉大了）。
祝媽媽們可以有「自己的房間」（不一定要拿來寫作，只要有時間空間可以做自己喜歡的事就好）。
祝媽媽們可以不好。
祝媽媽們可以沒有自信。
祝媽媽們可以孤獨。可以不孤獨。
祝媽媽們可以遇見許許多多的溫柔，祝媽媽可以有許多溫柔，可以輕言傷心。
祝媽媽們有玫瑰色的眼睛。*

（蔚昀）

*末兩句話改寫自張懸〈玫瑰色的你〉歌詞。

遜媽咪交換日記：
一樣的育兒關卡，不一樣的思考

作　　者　林蔚昀、諶淑婷
繪　　者　張上祐
美術設計　呂德芬
行銷企畫　駱漢琦、林芳如
企畫統籌　駱漢琦
業務發行　邱紹溢
業務統籌　郭其彬
行銷統籌　何維民
責任編輯　張貝雯
副總編輯　蔣慧仙
總 編 輯　李亞南

發 行 人　蘇拾平
出　　版　果力文化 漫遊者文化事業股份有限公司
　　　　　地址　台北市松山區復興北路三三一號四樓
　　　　　電話　(02) 27152022
　　　　　傳真　(02) 27152021
　　　　　讀者服務信箱　service@azothbooks.com
　　　　　果力臉書　www.facebook.com/revealbooks
　　　　　漫遊者臉書　www.facebook.com/azothbooks.read
　　　　　劃撥帳號　50022001
　　　　　戶名　漫遊者文化事業股份有限公司
發　　行　大雁文化事業股份有限公司
　　　　　地址　台北市松山區復興北路三三三號十一樓之四

初版一刷　2016年10月
定　　價　台幣350元
ISBN 978-986-92994-6-6（平裝）

國家圖書館出版品預行編目 (CIP) 資料

遜媽咪交換日記：一樣的育兒關卡，不一樣的思考／林蔚昀、諶淑婷著；張上祐繪．── 初版．── 台北市：果力文化：大雁文化發行，2016.10
288面；15*21公分
ISBN 978-986-92994-6-6（平裝）
1. 母親 2. 親職教育 3. 育兒
544.141　　105018154